RUBENS

ET

VAN DYCK

In-8°, 3e série.

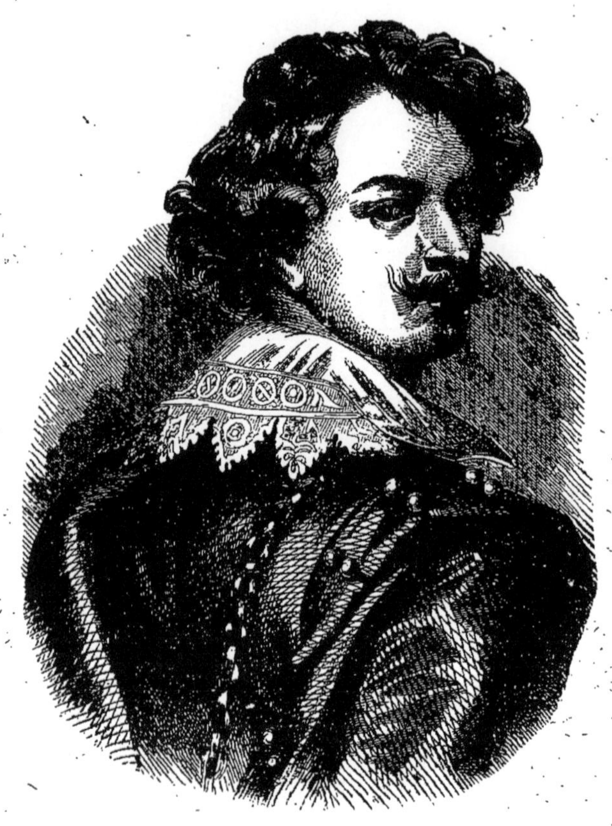

VAN DYCK

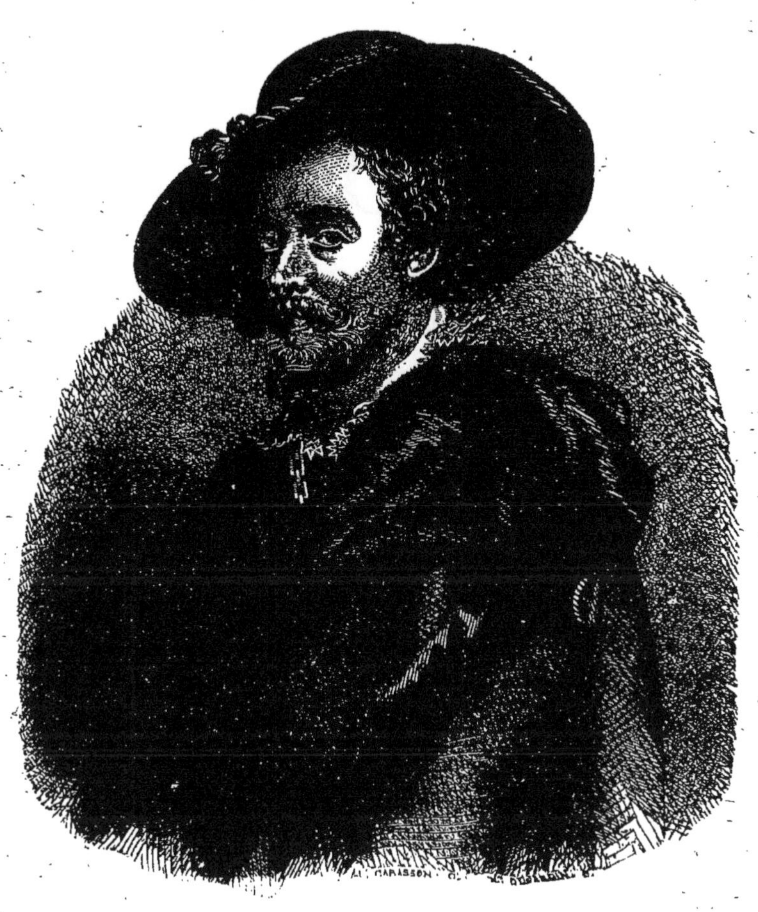

RUBENS

RUBENS

ET

VAN DYCK

HISTOIRE DE CES DEUX PEINTRES CÉLÈBRES

PAR

Edouard de LALAING

LIBRAIRIE DE J. LEFORT

IMPRIMEUR, ÉDITEUR

LILLE
rue Charles de Muyssart, 24

PARIS
rue des Saints-Pères, 30

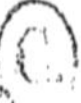

HISTOIRE

DE

PIERRE-PAUL RUBENS

1577-1646

I

Bartholomé Rubens, grand-père de Pierre-Paul Rubens, et originaire de Styrie, est le premier dont le nom ait été connu dans les Pays-Bas. Il y arriva avec la cour de Charles-Quint, quand le grand empereur, après s'être fait couronner à Aix-la-Chapelle, vint établir sa résidence à Bruxelles.

Jean Rubens, son fils, exerça pendant plusieurs années, à Anvers, des fonctions honorables ; d'abord celle d'échevin, et en dernier lieu celle de conseiller du sénat.

Ce fut pendant son séjour à Anvers qu'il épousa une jeune fille de cette ville, nommée Marie Pypeling, dont il eut plusieurs enfants.

Heureux près de sa femme, la douceur et la bonté même, Jean Rubens n'aurait peut-être jamais quitté Anvers, si de regrettables conflits, des querelles religieuses, n'étaient venus troubler la tranquillité dont il jouissait au milieu de sa nombreuse famille.

A cette époque, il avait déjà six enfants, quatre garçons et deux filles ; savoir : Philippe Rubens, qui devint secrétaire de la ville d'Anvers, Jean-Baptiste, Henri, Bartholomé, Blandine et Claire.

L'hérésie des iconoclastes commençait à agiter les Pays-Bas, et bientôt elle s'étendit jusqu'à Anvers, armant les habitants les uns contre les autres.

Jean Rubens était un fervent catholique ; il entrevit des persécutions qui devaient fatalement l'atteindre, et, après avoir résigné ses fonctions, il alla se réfugier à Cologne, où le schisme qui le faisait fuir n'avait pas encore pénétré.

Ce fut dans cette ville qu'il devint père pour la septième fois.

Le 20 juin 1577, Marie Pypeling, sa femme bien-aimée, mit au monde un garçon qui reçut les noms de Pierre-Paul, en l'honneur des deux saints apôtres qui avaient présidé à sa naissance, car il était né le jour où l'Église romaine fait solenniser leur fête.

Anvers et Cologne se sont longtemps disputé la gloire d'avoir donné naissance à Pierre-Paul Rubens.

Anvers prétendait que si le nom du grand artiste ne figurait pas sur les registres de ses églises, il fallait attribuer cette omission aux troubles religieux au milieu desquels il était né ; que le droit de bourgeoisie qu'il a exercé dans leur ville et son admission dans la corporation des peintres établissaient la preuve qu'Anvers était bien le lieu de sa naissance.

Ces prétentions de la ville d'Anvers sont mises à néant par deux simples dates.

Celle du départ de Jean Rubens pour Cologne (1568), et celle du retour de sa veuve à Anvers (1587).

Rubens, étant né en 1577, est évidemment originaire de Cologne, et, s'il a exercé plus tard le droit de bourgeoisie à Anvers, c'est, sans aucun doute, parce que les habitants de cette ville, où il est venu se fixer quand sa mère quitta Cologne, se seront empressés de faire une exception en sa faveur.

Au surplus, l'histoire a fait la part de ces deux villes.

Cologne peut revendiquer l'honneur d'avoir donné le jour à l'enfant ; Anvers, d'avoir donné naissance au grand homme.

II

Le baptême du futur prince des peintres flamands fut célébré dans l'église Saint-Pierre, où, quelques années plus tard, il devait être enfant de chœur.

Jean Rubens n'avait pas de fortune. Sa femme, Marie Pypeling, ne lui avait apporté en mariage qu'une modeste dot ; mais les emplois qu'il remplissait à Anvers, lui avaient procuré jusqu'alors les moyens d'élever sa famille. En quittant Anvers, il allait donc se priver volontairement d'une partie de ses ressources.

Heureusement il arrivait à Cologne précédé d'une telle réputation de sagesse et de probité, qu'il put facilement s'y établir argentier et se créer en peu de temps une nombreuse clientèle.

Grâce à l'activité qu'il déploya dans ses nouvelles fonctions, Jean Rubens fit d'excellentes affaires, et bientôt il fut assez riche pour acheter la maison où il était venu demeurer (1).

(1) Cette maison avait été occupée précédemment par la veuve d'Henri IV, Marie de Médicis, reine de France et mère de Louis XIII, pendant son exil de la cour de France. Elle revint y mourir le 3 juillet 1643, à l'âge de soixante-huit ans.

Dès ses premières années, le dernier né de Jean Rubens s'était fait remarquer par sa vive intelligence et son ardeur au travail.

Destiné d'abord à la magistrature, il entra au collège de Cologne à l'âge de sept ans et y termina ses humanités.

Il allait se livrer à l'étude des lois, pour laquelle il semblait avoir une certaine aptitude, quand il eut le malheur de perdre son père.

Quelques historiens ont prétendu que Jean Rubens avait succombé à la suite d'un accident, dont aucun d'eux n'a pu préciser la nature; d'autres, mieux informés, affirment que sa mort fut causée par une grave maladie qui l'emporta en quelques jours.

Quoi qu'il en soit, sa veuve ne voulut pas rester à Cologne, et dès qu'elle eut mis ordre aux affaires que le défunt avait laissées inachevées, elle revint à Anvers, où elle avait tous ses parents.

La paix régnait alors dans cette ville, qui, après avoir tenu en échec pendant plus d'une année les troupes du roi d'Espagne, avait fini par capituler, faute de vivres.

III

Pierre-Paul, arrivé à Anvers, entra au collège des Jésuites et y reprit le cours de ses études. Habile dans les exercices du corps, doué d'une figure agréable et sympathique, il plaisait à tout le monde par la franchise et la gaieté de son heureux caractère.

A la fin de ses classes, il n'était pas encore fixé sur la carrière qu'il devait embrasser.

L'étude aride des lois, qui l'avait d'abord captivé, ne répondait plus aux aspirations de son ardente imagination.

A la robe du magistrat, il semblait préférer maintenant l'armure du soldat; l'épée avait pour lui plus d'attrait que les balances de Thémis. Et ce furent ces velléités guerrières qui suggérèrent à sa mère l'idée de le recommander à sa marraine, la comtesse de Lalaing (1).

Cette dame menait grand train à Anvers, et ce fut en qualité de page qu'elle fit entrer dans sa maison celui qu'elle avait tenu sur les fonts baptismaux.

C'était un acheminement vers la carrière militaire que le jeune homme semblait vouloir embrasser.

Mais la vie molle et efféminée qu'on menait au palais comtal n'était pas celle qu'avait rêvée le fils de Marie Pypeling, et à force de contempler un magnifique tableau de Paul Véronèse, qui ornait la salle d'armes où il se tenait d'ordinaire, il se demanda un jour si l'artiste ne valait pas le guerrier. La réponse qu'il se fit à lui-même décida de son avenir; il avait compris que les lauriers ne se cueillent pas seulement sur les champs de bataille.

A la suite de cette révélation soudaine, Pierre Paul résolut de reprendre sa liberté pour étudier la peinture.

Dame Rubens, croyant à un caprice que le raisonnement

(1) Une descendante de cette noble famille, Christine d'Épinoy, née de Lalaing, a sa statue sur la place publique de Tournai.

Épouse du gouverneur de cette ville, elle se mit à la tête de la garnison et des habitants pour repousser les Espagnols, qui, en 1581, investissaient la ville; forcée de capituler après un siège de plusieurs mois, la princesse d'Épinoy sortit de la place avec les honneurs de la guerre, enseignes déployées, et aux acclamations des soldats de Philippe II, qui ne pouvaient s'empêcher d'admirer le courage vraiment stoïque de cette jeune femme qui leur avait résisté si longtemps.

La mémoire de l'héroïne, qui combattit l'étranger pour le triomphe de la liberté, est restée vivace et vénérée parmi le peuple; aussi est-ce au milieu d'un patriotique enthousiasme que fut inaugurée, en 1863, la statue de bronze qui se dresse fièrement, sur son socle de pierre, au centre de la Grand'Place de Tournai.

pourrait vaincre, s'efforça de persuader à son fils qu'il serait plus sage de persévérer dans la voie où il venait d'entrer, et au bout de laquelle elle lui faisait entrevoir les insignes des plus hauts grades.

Rien ne put faire revenir le jeune homme de la résolution qu'il avait prise; et, de guerre lasse, sa mère en référa à la comtesse de Lalaing, qu'elle supposait avoir quelque influence sur son filleul.

Cette dame promit de la seconder de tout son pouvoir; mais, avant de chercher à combattre les projets de son jeune page, elle voulut s'assurer si par hasard elle n'allait pas contrarier une véritable vocation.

La semaine suivante, la comtesse de Lalaing, accompagnée de quelques amis et suivie de ses pages, parcourait à pas lents une longue galerie ornée de tableaux, où figurait, parmi des œuvres plus ou moins belles, une toile dont elle avait fait tout récemment l'acquisition.

Elle venait de passer devant ladite toile, qu'elle avait affecté de regarder avec la plus complète indifférence, quand elle put constater que l'un de ses pages, au lieu de continuer à la suivre, était resté en arrière.

C'était son filleul, Pierre-Paul Rubens, demeuré comme en extase devant le tableau nouvellement acheté, une des plus merveilleuses toiles du Titien, que seul il avait remarquée.

Le jeune homme venait de donner une preuve évidente qu'il avait la perception du beau en peinture.

A la suite de cette épreuve qui lui paraissait décisive, sa marraine crut devoir conseiller à la veuve de Jean Rubens de ne pas s'opposer plus longtemps au désir qu'exprimait son fils d'entrer, comme élève, chez Tobie Van Haeght, peintre paysagiste.

Au bout de quelques mois, Pierre-Paul quittait l'atelier de ce maître pour entrer dans celui d'Adrien Van Noordt, peintre de portraits.

Cet homme, qu'il ne connaissait que par ses ouvrages,

et qui, de simple menuisier, était devenu un artiste célèbre, avait un caractère déplorable; hargneux, brutal et débauché, Van Noordt ne pouvait donner que de mauvais exemples aux nombreux élèves attirés chez lui par son incontestable talent.

Parmi ceux qui, à cette époque, fréquentaient son atelier, se trouvaient des hommes d'avenir : Henri Van Baelen, Sébastien Francs et Jacques Jordaens. Rubens s'était lié avec ces trois jeunes hommes; mais au bout de dix-huit mois, il dut se séparer d'eux, car les dégradantes orgies du maître lui inspiraient un dégoût insurmontable.

Il revint donc habiter la maison de sa mère, où il continua à travailler, en s'inspirant des chefs-d'œuvre que renfermaient le musée d'Anvers et le palais de sa marraine, la comtesse de Lalaing.

Pierre-Paul venait d'achever un tableau de sa composition, qu'il voulait offrir à sa mère, à l'occasion de l'anniversaire de sa naissance, quand le hasard, ou plutôt la Providence, amena chez eux un ami de son père, Octavius Van Veen, depuis longtemps célèbre et qui signait ses toiles *Octovænius*.

Dame Rubens lui montra le tableau de son fils, qui représentait Borée enlevant Orithye.

Frappé du talent précoce du jeune artiste, Octavius lui proposa de venir avec lui à Bruxelles, où il avait un atelier dans l'hôtel des magistrats municipaux; c'était une faveur qu'il devait à une réputation justement méritée.

Pierre-Paul saisit avec empressement l'occasion qui se présentait à lui d'aller étudier la peinture au cœur même de l'école flamande.

La modestie était au nombre des qualités morales que possédait le fils de Jean Rubens; il se rendait cette justice, qu'il avait tout à apprendre, et il savait que nul n'était plus capable de lui révéler les secrets de l'art que l'artiste d'élite qui lui ouvrait les bras et le prenait sous sa protection. Mais Van Veen n'était pas seulement un grand artiste ; c'était encore un homme vertueux, bien convaincu que le seul chemin qui mène à la véritable gloire, est celui qu'on peut parcourir en paix avec sa conscience; aussi veilla-t-il constamment sur la conduite d'un élève pour lequel il était moins un maître dévoué qu'un tendre père.

IV

Après quatre années d'études consciencieuses dans l'atelier d'Octavius Van Veen, où il avait appris à donner une bonne direction à la fougue de son génie, Pierre-Paul crut pouvoir désormais voler de ses propres ailes. Mais avant de partir pour l'Italie, il voulut se mettre en règle et vint à Anvers pour se faire délivrer un passeport.

Voici dans quels termes les échevins de cette ville le rédigèrent.

Ils déclarèrent que Pierre-Paul Rubens voyageait (1) *negociorum suorum causâ*, qu'il pouvait circuler librement et être partout accueilli sans crainte, parce qu'il venait d'Anvers, et que la ville, grâce à Dieu, n'était contaminée par aucune peste ou maladie contagieuse.

Il se mit en route dans le courant de mai de l'année 1600.

C'était se séparer pour longtemps de sa mère qu'il adorait, de ses frères et sœurs pour lesquels il avait la plus vive tendresse ; mais l'amour de son art tenait une si grande place dans son cœur, qu'il adoucit le chagrin qu'il éprouvait de s'éloigner de sa chère famille.

(1) Il avait été admis dans la corporation des peintres dès 1598, au moment où il venait d'atteindre ses vingt et un ans.

Ce fut d'abord vers Venise qu'il dirigea ses pas. Il savait trouver dans les galeries de cette ville et dans les palais des nobles patriciens les splendides toiles du Titien, de Paul Veronèse, du Tintoret et de plusieurs autres grands peintres de l'école vénitienne.

La vue de tant de chefs-d'œuvre ne pouvait manquer d'enflammer son imagination ; aussi, au lieu de se servir des lettres de recommandation que lui avait remises Van Veen au moment de son départ, au lieu de profiter des occasions de se divertir qu'il aurait pu trouver chez les amis de son ancien maître, il s'enferma chez lui pour se recueillir.

Une fois bien pénétré des sujets que les grands artistes vénitiens avaient traités avant lui, Pierre-Paul s'efforça de les reproduire de mémoire, ne se lassant pas d'effacer et de recommencer vingt fois les mêmes ébauches, quand il les jugeait inférieures aux modèles qui avaient enchanté ses regards.

Malgré le soin qu'il prenait de fermer son atelier aux curieux qui lui auraient fait perdre du temps, le bruit de sa présence à Venise était parvenu jusqu'à Vincent de Gonzague, duc de Mantoue. Un de ses gentilshommes, qui habitait la même maison que Rubens, avait eu avec lui quelques relations de voisinage et, par suite, l'occasion de voir ses études.

Il en fit un si pompeux éloge à son souverain, que ce prince voulut juger par lui-même du talent du jeune artiste et l'invita à venir à sa cour.

Une pareille invitation était trop flatteuse pour qu'il ne s'empressât pas d'y répondre ; Pierre-Paul se rendit donc à Mantoue, où Vincent de Gonzague lui assigna un logement dans son propre palais.

Le duc de Mantoue possédait non seulement un grand nombre de tableaux des premiers maîtres italiens, mais encore une salle remplie des ouvrages de Julio Romano, collection unique dans l'univers.

On comprend combien Pierre-Paul dut se féliciter d'avoir été admis dans une cour qui réunissait tant de richesses artistiques.

Rubens n'était pas d'une nature à rester inactif; il travaillait avec ardeur du matin au soir, partageant son temps entre la peinture, le dessin et la lecture de ses auteurs favoris.

Le duc de Mantoue, passant un jour devant sa chambre dont la porte était entr'ouverte, le surprit au moment où il récitait à haute voix des vers de Virgile; il l'écouta jusqu'au bout, et s'écria en se retirant :

— Bravo, Rubens! la matière est belle.

L'habileté de son pinceau charmait le prince. L'érudition dont il fit preuve acheva de le séduire, car il remarqua bientôt son esprit vif et pénétrant; il fut surtout surpris de la facilité avec laquelle il s'énonçait dans sept langues différentes : latine, espagnole, italienne, allemande, anglaise, française et flamande.

Vincent de Gonzague réfléchit alors qu'il pourrait peut-être utiliser à son profit des connaissances aussi étendues, et, pour attacher à sa personne cet incomparable artiste, il lui donna le titre de gentilhomme et le nomma peintre de la cour.

V

Rubens était depuis quelques mois l'hôte du duc de Mantoue, quand ce prince jugea à propos de lui confier une mission délicate.

Il s'agissait d'aller en Espagne, pour dissiper les préventions défavorables qu'il savait exister contre lui à la cour de Philippe III.

Il était persuadé que le jeune artiste réussirait mieux en cette circonstance qu'un plus vieux diplomate.

Pierre-Paul se mit donc en route, emportant avec lui de magnifiques présents : un superbe carrosse avec un attelage de six chevaux napolitains pour le roi, et une douzaine de tableaux pour le duc de Lerme, son premier ministre et grand amateur de peinture. Ces tableaux étaient des copies faites à Rome par un maître aujourd'hui peu connu, Pietro Frechetti.

Malheureusement ces toiles furent abîmées en route, et Rubens dut les réparer lui-même; parmi celles qui avaient le plus souffert, se trouvaient un *Saint Jean* d'après Raphaël et une *Madone* d'un auteur inconnu.

Rubens n'entendait pas que la valeur des tableaux offerts au duc de Lerme soit amoindrie, et il remplaça les œuvres détruites par un tableau de sa main, *Démocrite et Héraclite*, dont la trace est aujourd'hui perdue.

Ceci se passait à Valladolid, où il devait se rencontrer avec le roi à son retour de Burgos.

Pierre-Paul reçut de Philippe III un accueil des plus engageants. Sa Majesté catholique prit plaisir à l'entretenir sur l'objet de sa mission, sur son voyage en Italie et sur les Pays-Bas, encore troublés par les dissensions religieuses.

Le roi fut charmé de ses réponses pleines de sens et de finesse sur un nombre infini de matières, et ne lui laissa pas ignorer le contentement qu'il éprouvait du choix que le duc de Mantoue avait fait de sa personne pour l'envoyer à sa cour. Le jour où Rubens demanda son audience de congé, Philippe III l'assura de son affection et lui fit remettre de magnifiques présents par son premier ministre, le duc de Lerme.

De retour à Mantoue, rapportant à Vincent de Gonzague l'assurance des bons sentiments de Sa Majesté catholique à son égard, Pierre-Paul refusa les récompenses dont le prince voulait le gratifier pour avoir si heureusement accompli sa mission, et ne réclama de lui qu'une seule faveur : la permission d'aller parcourir l'Italie pour visiter les différentes académies et principalement celle de Rome, cette riche dépositaire de ce que les anciens Grecs et Romains y ont accumulé, tant en peinture qu'en sculpture et architecture.

Vincent de Gonzague ne pouvait s'opposer à un désir si naturel; il consentit à son départ, mais il lui recommanda de copier, pour la galerie de son palais, quelques toiles des grands peintres de l'école romaine ; de plus, en lui faisant ses adieux, il le força d'accepter une grosse somme d'argent et lui passa au cou une riche chaîne d'or.

Pendant les premiers jours que Pierre-Paul passa dans la capitale du monde chrétien, il fut comme ébloui par les innombrables chefs-d'œuvre accumulés dans cette incomparable ville; leur supériorité excita à tel point son enthousiasme, qu'il ne sut d'abord par où commencer ses études. Essayerait-il du dessin, ou ferait-il de la peinture ?

Après une longue contemplation des merveilles qui l'éblouissaient, il se décida enfin à copier les objets qui le captivaient plus particulièrement.

Sur ces entrefaites, le prince Albert, ayant appris que Rubens travaillait à Rome, lui commanda trois tableaux pour la chapelle Sainte-Hélène, qu'il faisait réparer dans l'église de Sainte-Croix en Jérusalem.

La principale de ces toiles représentait sainte Hélène tenant la sainte Croix entre ses bras; d'un côté, le Christ couronné d'épines, et de l'autre, le Christ en croix.

VI

Après un assez long séjour à Rome, où, suivant sa propre expression, il se croyait au paradis, Pierre-Paul voulut aller à Florence.

Dans cette ville comme à Mantoue, il fut demandé à la cour, où le grand-duc lui témoigna sa satisfaction de le voir dans ses États. Le prince causa longuement avec lui de sa patrie, de Mantoue, de Rome, et, avant de le laisser partir, lui commanda plusieurs tableaux. De plus, il lui demanda son portrait, peint par lui-même.

Une pareille demande passait à la cour de Florence pour une grande faveur, car elle ne se faisait qu'aux artistes les plus célèbres.

Pendant le peu de temps qu'il passa à Florence, Pierre-Paul trouva moyen de dessiner les superbes statues qui se trouvaient dans cette ville, et parmi lesquelles brille la Vénus de Grèce, en marbre blanc, le chef-d'œuvre incontesté de la statuaire antique.

Après Florence, Rubens voulut visiter la ville où il savait trouver les productions des trois fondateurs de l'école de Bologne, Annibal, Louis et Auguste Carrache, et pendant les courts instants qu'il consacra à ce pèlerinage artistique, il put enrichir ses cartons de plusieurs dessins de sculptures antiques et d'architecture moderne.

Tout en se livrant à ses multiples travaux, Rubens n'avait pas perdu de vue Venise, car il trouvait dans les œuvres du Titien, de Paul Véronèse et d'autres grands maîtres de la même école, plus de charmes que dans les productions des différents peintres en réputation à cette époque.

Venise était son idéal pour le coloris, comme Rome pour la correction du dessin, deux perfections dans l'art qu'il rêvait d'atteindre un jour.

Durant un second voyage qu'il fit à Rome, pendant son séjour à la cour du duc de Mantoue, le Saint-Père lui avait demandé un tableau pour son oratoire du Monte-Cavallo. Cette toile représentait la sainte Vierge, accompagnée de sainte Anne et adorant le petit Jésus.

Les cardinaux, les princes et la noblesse de Rome s'empressèrent alors, à l'exemple du Souverain-Pontife, de lui demander des tableaux.

Parmi les ouvrages qu'il produisit alors, on doit citer particulièrement les toiles suivantes :

1° Le magnifique tableau qui ornait le palais de Chigy : il représentait, d'un côté, le fleuve du Tibre, sous la figure d'un vieillard appuyé sur une urne jaillissante ; de l'autre côté, une femme debout, la corne d'abondance dans les bras, et à leurs pieds, des tritons et des enfants.

2° Au palais Rospigliosi, les portraits des douze Apôtres.

3° Au palais de la princesse Scalamara, *Archelaüs* et *Protée*, avec plusieurs dieux marins, à table.

4° Au palais du connétable Colonna, une *Débauche de soldats.*

5° A la Chiesa Nuova, ou l'église des Pères de l'Oratoire : *la sainte Vierge et l'enfant Jésus*, une *vierge martyre, saint Grégoire le Grand, saint Maurice, saint Jean-Baptiste* et autres saints, accompagnés de quelques anges.

Ces différentes toiles brillaient par le coloris et rappelaient Paul Véronèse.

Ce second voyage à Rome, dont nous venons de parler, avait été entrepris, comme le premier, du consentement de Vincent de Gonzague ; mais comme il se prolongeait indéfiniment, le duc de Mantoue, s'ennuyant de l'absence de l'artiste, se décida à le rappeler près de lui. Cet ordre de son souverain mettait Pierre-Paul dans un grand embarras. Il avait entrepris des travaux importants, et s'il avait accepté des commandes, c'était parce que le trésorier du duc de Mantoue ne lui envoyait pas exactement la pension que lui faisait le prince.

Il n'avait encore reçu que 140 écus, et pour faire honneur à ses dépenses, il avait dû tirer parti de son pinceau. Il sollicita donc un délai de trois mois.

Le délai demandé lui fut accordé, et, grâce à ce répit, il put achever les tableaux commandés.

La toile où était représenté saint Grégoire, et destinée à orner l'autel de la Chiesa Nuova, ne resta qu'un instant à sa première place; Pierre-Paul, enchanté de son œuvre, jugea qu'une pareille pièce méritait une meilleure place.

« La lumière est si mauvaise, » écrivait-il le 2 février 1608.

« *Che a pena si ponno discernerer le figure non che godere l'Esquisitezza delle teste e panni cavati con gran studio del naturale.* »

Rubens enleva donc l'original et le remplaça par une œuvre nouvelle, les Oratoriens lui ayant permis d'agir à son caprice.

De retour à Mantoue, où il rapportait plusieurs toiles précieuses, achetées pour le compte du duc, et parmi lesquelles se trouvait la *Mort de la Vierge* de Caravage, Rubens n'y resta pas longtemps ; et au grand regret de Vincent de Gonzague, qui ne pouvait pas le retenir indéfiniment à sa cour, il se remit à parcourir différentes villes, et son voyage se prolongea pendant près de sept années.

A Milan, où il fit d'abord une apparition, il gratifia la fameuse bibliothèque Ambroisienne d'un dessin représentant la Vierge et l'enfant Jésus dans un cercle de fleurs, tableau dû au pinceau de Jean Breughel, son ancien camarade d'atelier ; il y dessina aussi la grande toile de Léonard de Vinci *(Leonardo d'Avinci)*, placée au-dessus de la porte du réfectoire des Dominicains et représentant la Cène (1).

Arrivé à Gênes, l'éminent artiste fut fort recherché par la noblesse et les principaux négociants de cette ville, où chacun s'efforça de l'attirer dans sa maison pour jouir de sa conversation et lui procurer tous les plaisirs dont la jeunesse est ordinairement avide.

Pierre-Paul en usa modérément et ne négligea jamais ses travaux quotidiens, ce qui lui permit d'exécuter en peu de jours deux grands tableaux pour l'église des PP. Jésuites, *la Circoncision du Christ* et *saint Ignace guérissant les malades.*

Les Génois ont toujours considéré ces deux toiles comme les chefs-d'œuvre du peintre flamand.

Reste à savoir si cette orgueilleuse prétention est justifiée.

Jaloux d'approfondir toutes les sciences relatives à son art, il entreprit de lever les plans des plus beaux palais de Gênes, et il en composa une précieuse collection, qu'il fit graver et imprimer à Anvers, sous le titre de : *Palazzi di Genua da Pietro Paolo Rubens.*

VII

Ce fut au commencement de l'année 1608, et pendant son séjour à Gênes, qu'il apprit la dangereuse maladie dont sa mère venait d'être atteinte.

(1) Ce dessin, gravé par Witdouck, fait partie de la collection des estampes de Rubens.

Il partit immédiatement pour Anvers; mais il arriva trop tard pour pouvoir l'embrasser une dernière fois.

Sa douleur était si profonde qu'en arrivant et avant d'avoir vu personne, il courut s'enfermer dans l'abbaye Saint-Michel, où le corps de dame Rubens avait été transporté; il voulait pleurer dans la solitude la perte de ce qu'il avait de plus cher au monde.

Voulant donner à cette mère adorée un dernier témoignage d'amour et de reconnaissance, il lui fit élever, conjointement avec les différents membres de sa famille, frères, sœurs et neveux, un superbe mausolée, dont il composa lui-même l'inscription en ces termes :

D. O. M. B.
Mariæ Pypelengiæ prudentissimæ
Lectissimæ fœminæ
quæ matrimonio juncta fuit
Joanni Rubenio J. C. Antverpiensi
eoque orbata viduitatem ad diem fati
per annos XXI religiose coluit
Philippus et Petrus Paulus
Rubenti
Cum nepotibus et filia Blandina
Piæ matri
et
B. M. F.
Vixit annos LXX menses VI dies XXIX
obiit XIV kalend. novemb.
anno MDCVIII.

Quand, après plusieurs mois d'une retraite absolue, Rubens parut en public, chacun fut charmé de revoir cet homme qui, par son profond savoir, honorait la patrie de ses ancêtres, et qui, enfin, par son génie et son immense talent, méritait déjà le surnom de second Apelle.

Mais malgré les démonstrations de joie de ses parents et de ses amis, heureux de le posséder de nouveau, Rubens ne se plaisait plus dans la ville d'Anvers, où il aurait voulu voir réunis tous les chefs-d'œuvre qu'il avait admirés pendant ses voyages. Aussi laissa-t-il deviner la réso-

2

lution qu'il semblait avoir prise de s'expatrier pendant quelque temps.

Les archiducs Albert et Isabelle, prévenus du parti qu'il allait prendre, résolurent d'y mettre obstacle. Ils connaissaient la mission qui lui avait été confiée par le duc de Mantoue, mission dont il s'était si habilement acquitté, et ils tenaient beaucoup à le retenir près d'eux; or, pour arriver plus sûrement à leurs fins, ils commencèrent par lui demander leurs portraits, et, dans l'intervalle des séances, ils cherchèrent à lui persuader de renoncer à un nouveau voyage. En vain Pierre-Paul leur assurait-il que l'air d'Italie convenait mieux à sa santé légèrement compromise, que le rude climat des Pays-Bas. Ils insistèrent si vivement qu'il ne put leur résister; enfin, pour mieux le fixer à leur cour, ils en firent un fonctionnaire. Ils lui offrirent la clef de chambellan et le titre de peintre de Leurs Altesses royales.

La pièce qui lui conférait ce titre, écrite en un français approximatif et d'une orthographe des plus fantaisistes, est singulièrement curieuse.

« Albert et Isabelle, Claire, Eugénie, archiducqz d'Austrice, ducqz de Bourgoigne, etc., déclarent que sur le bon rapport qui leur a été fait de la personne de Pierre-Paul Rubens, et de ses sens et grande expérience, tant en faict de paincture que de plusieurs aultres arts, ils l'ont retenu, commis, ordonné et establi... à l'office de paintre de leur hostel. Les gages annuels sont de cinquante livres, payables de demy-an en demy-an, par parties égales.

» Il est de plus investi des droits, honneurs et franchises accoutumées... dont jouissent les aultres de nos domestiques... avecq pouvoir qu'il pourra enseigner à serviteurs et aultres qu'il voudra son dict art, sans être assujéti à ceulx du mestier. »

Rubens s'était laissé séduire; mais à la condition qu'il ne résiderait pas à Bruxelles, car la fréquentation de la cour aurait pu entraver ses travaux et nuire aux progrès qu'il espérait encore faire dans son art.

Une fois bien décidé à habiter la ville natale de sa mère, il fit l'acquisition d'une maison spacieuse, la fit rebâtir à la romaine, sur un plan qu'il avait dressé lui-même, et la rendit susceptible de contenir les nombreuses richesses artistiques qu'il avait achetées pendant ses voyages, tant statues antiques, vases, bas-reliefs, médailles, onyx et agathes, que tableaux de grands peintres italiens.

Après avoir achevé les embellissements de sa maison, Rubens songea à se faire construire un vaste atelier, et il en jeta les fondations entre son jardin et celui de la Société du Serment des Arquebusiers; mais, par suite de mesures mal prises, ces fondations empiétèrent sur la propriété des voisins.

Les arquebusiers jetèrent les hauts cris, le peintre les envoya à tous les diables, et un procès s'entama.

Il menaçait de durer éternellement, lorsque le bourgmestre Rockock, chef du Serment et ami de Rubens, s'interposa entre les plaideurs; et, grâce à lui, l'affaire s'arrangea.

Les arquebusiers abandonnèrent à leur voisin le terrain en litige, à la condition que ce dernier leur ferait, moyennant finances, pour leur chapelle, qui était dans la cathédrale d'Anvers, un tableau avec volets, peint de sa main, lequel représenterait un passage de la vie de saint Christophe, patron des arquebusiers.

Rubens, qui non seulement était un grand peintre, mais encore un savant versé dans la science de l'histoire ancienne, ne trouvant pas dans la vie de saint Christophe un sujet qui lui sourît, s'appuya judicieusement sur l'étymologie du mot grec *christophoros*, qui signifie porteur du Christ, et pensa remplir les conditions de son marché en exécutant un tableau dont le sujet était une descente de croix et dont les personnages soutenaient le Christ.

Le volet de gauche représentait la Vierge Marie rendant visite pendant sa grossesse à sainte Élisabeth, et le volet de droite, le prêtre Siméon tenant Jésus dans ses bras, lorsque sa mère et saint Joseph viennent le présenter au temple.

On voit, d'après cette ingénieuse mais fantaisiste composition, que l'artiste avait largement exploité le mot grec déjà cité.

La toile terminée, Pierre-Paul l'envoya aux arquebusiers, espérant avoir consciencieusement satisfait à leurs exigences ; mais il se trompait fort.

Les arquebusiers, qui sans doute ne savaient pas le grec, n'apercevant pas leur patron sur la toile du fond ni sur les volets, demandèrent à grands cris le *Saint-Christophe* absent, et finalement refusèrent le tableau, assignant de nouveau Rubens en restitution du terrain usurpé.

Ce contretemps était d'autant plus fâcheux pour l'artiste, que son atelier était achevé et ne pouvait être modifié sans nuire à son excellente disposition.

Ce fut encore le bourgmestre Rockock qui se chargea d'arranger une seconde fois l'affaire. Après d'assez vives discussions et trois ou quatre voyages faits de l'atelier du peintre à la Société du Serment, il eut la satisfaction d'annoncer à Rubens que tout était terminé, pourvu qu'il consentît à introduire, parmi les personnages du tableau en question, un *Saint-Christophe* d'une dimension quelconque.

Mais là était la difficulté. Rubens ouvrit les volets de son tableau, et prouva au bourgmestre conciliateur qu'il ne lui restait pas le plus petit coin pour y placer le saint réclamé.

Rockock trouva l'observation fort juste; mais, refermant à son tour les volets que Pierre-Paul avait ouverts, il lui montra que la surface extérieure desdits volets était entièrement inoccupée.

Rubens saisit alors un crayon blanc, et, sans prononcer une seule parole, esquissa devant le fondé de pouvoir de ses récalcitrants clients un superbe *Saint-Christophe.*

Les arquebusiers, satisfaits de cette concession, acceptèrent cette fois l'œuvre du peintre, et sans demander à l'artiste l'explication du *hibou* qu'il avait introduit dans son tableau.

Cet oiseau de nuit y était mis à dessein, pour indiquer, disait Rubens à ses confidents, que les arquebusiers d'Anvers *avaient refusé comme des hiboux ce qu'ils adoreraient plus tard avec tout l'univers.*

Les comptes qui furent tenus à propos de cette transaction sont d'une simplicité naïve, qui peut donner une juste idée de la bonhomie des anciens temps.

C'est la vie réelle du grand homme dépouillé du prestige qui entoure son nom, c'est l'homme de génie se pliant à toutes les exigences de la société dans laquelle il est appelé à vivre.

On en pourra juger par la pièce suivante, textuellement reproduite par le traducteur :

Extrait des registres du Serment et de la Confrérie des Arquebusiers d'Anvers, ayant rapport à la transaction de Rubens avec les supports, touchant le tableau de la Descente de croix *posé au rétable de leur autel dans la cathédrale.*

« Le 7 septembre 1611, a été passé le contrat dudit tableau, à la salle des Arquebusiers, entre ces Messieurs et Pierre-Paul Rubens, en présence de M. Nicolas Rockock, ancien bourgmestre et leur chef-capitaine.

» Dépensé en vin d'honneur aux élèves, lors des trois visitations des panneaux dans la maison dudit Rubens : fl. 9, 10.

» En 1612, ledit tableau a été transporté de la maison dudit sieur Rubens à la Chambre dudit Serment.

» Item, payé en différentes fois, tant pour le transport

desdits panneaux, des matériaux pour l'échafaudage, le transport de l'atelier dans le vestibule, etc., et de là à la chapelle, etc., la livraison des matériaux, les frais des ouvriers, priseurs, entrepreneurs, par spécification : fl. 176, 14 1/4.

» Le 4 décembre 1613, l'ancien tableau de l'autel a été échangé contre celui de la *Cène*, placé sur la cheminée de la salle d'assemblée.

» Item, le 22 juillet 1614, on a consacré le nouvel autel de la chapelle des Arquebusiers dans la cathédrale de Notre-Dame.

» Item, le 8 janvier 1615, on a fait accord avec Pierre-Paul Rubens et David Remeens, doreur, touchant leurs ouvrages et travaux, en présence des doyens, etc.; dépensé alors : fl. 46, 18.

» Item, le même jour, payé à compte audit sieur Pierre-Paul Rubens : fl. 1000.

» Item, payé à David Remeens, pour la dorure des cadres du tableau et des deux volets : presque, fl. 110.

» Le 25 juillet 1615, accordé avec François de Crayer, pour la construction de la muraille de séparation entre le jardin dudit sieur Rubens et celui de la Confrérie.

» Item, l'an 1615, payé pour 323 pots de bière consommés par les ouvriers en construisant la muraille : fl. 40, 2.

» N. B. — De cette somme, ledit sieur Rubens doit payer la moitié, mais point du reste.

» Item, payé aux arpenteurs, pour l'arpentage de la nouvelle muraille, dont la moitié est due par ledit sieur Rubens : fl. 4.

» Item, revenait audit François de Crayer pour la construction de la susdite muraille, par-dessus l'accord fait pour sa franchise : fl. 149.

» Item, l'an 1615, payé pour une paire de gants, présentée à l'épouse dudit sieur Rubens : fl. 8, 10.

» Item, le 16 décembre 1622, le doyen Jean Leese a

passé son compte général d'administration et délivré à la Chambre (l'assemblée des supports) la quittance générale du sieur Pierre-Paul Rubens, peintre, par laquelle celui-ci reconnaît avoir reçu la somme de quatre cents livres de gros (2,400 fl.) en paiement entier du tableau posé sur leur autel, en date du 13 février 1621.

» Recherché et collationné ès registres de la Chambre des Arquebusiers d'Anvers, par le soussigné secrétaire de ladite chambre.

» Anvers, le 27 juillet 1771,

» F. B. BELTENS. »

Il résulte de ce document authentique que le chef-d'œuvre de Rubens fut payé par les arquebusiers environ 9,000 livres.

VIII

Une fois ses travaux d'installation terminés, Pierre-Paul Rubens, fatigué de vivre seul dans sa grande maison, songea à prendre une compagne, et demanda la main de demoiselle Isabelle Brant, fille de Jean Brant, licencié en droit et secrétaire de la ville d'Anvers, dont la mère était dame Claire de Moy, la sœur de l'épouse de Philippe Rubens, son frère aîné, également secrétaire de ladite ville.

Ses noces furent célébrées au commencement de l'année 1610.

Rubens eut de ce premier mariage un fils, que l'archiduc Albert voulut tenir sur les fonts baptismaux, et auquel il donna son nom, pour prouver, une fois de plus, à quel degré d'estime il tenait son glorieux père.

Les grands succès du peintre flamand avaient excité au plus haut point la jalousie de ses confrères d'Anvers; un d'entre eux, Abraham Janssens, dont Pierre-Paul connaissait le mauvais vouloir, étant venu lui demander un jour à voir les collections de ses études italiennes; il l'éconduisit poliment, en lui disant de cet air narquois qu'il savait si bien prendre à l'occasion :

— Cher ami, toutes mes études sont encoffrées dans ma cervelle et scellées du cachet de ma mémoire.

Rubens était depuis quelque temps au service des archiducs Albert et Isabelle, quand on vint l'avertir qu'étant à la suite de la cour, il ne pouvait se dispenser de faire partie de l'illustre Confrérie de Saint-Ildephonse. Il répondit à ceux qui lui donnaient cet avis, qu'il se trouvait très honoré d'être jugé digne d'une pareille prérogative et qu'il se conformerait de grand cœur au proverbe latin : *Regis ad exemplum totus componitur orbis.*

Ce fut à la suite de sa réception dans cette confrérie que les seigneurs, ses confrères, lui demandèrent un tableau d'autel pour leur chapelle particulière.

Rubens se mit immédiatement à l'œuvre, et acheva en peu de temps la magnifique toile représentant la sainte Vierge, assise sur un trône d'or, donnant la chasuble à saint Ildephonse à genoux devant elle.

Ce tableau comportait deux volets, et pour illustrer son ouvrage, il peignit sur chacun d'eux les portraits de ses protecteurs : leurs Altesses royales Albert et Isabelle, devant un prie-Dieu et revêtues du manteau ducal.

Les membres de la Confrérie de Saint-Ildephonse, qui avaient admiré cette œuvre capitale, firent porter au peintre, par le majordome de la cour, une bourse remplie de pistoles d'Espagne ; mais Rubens refusa ce royal présent, assurant qu'il était déjà largement récompensé par l'honneur de voir figurer son nom parmi ceux des membres d'une compagnie aussi illustre.

Rubens, aussi habile architecte qu'incomparable peintre, fut chargé à cette époque, par les Jésuites d'Anvers, de dresser le plan d'une église qu'ils voulaient faire construire avec des blocs de marbre, primitivement destinés à édifier une mosquée et qui avaient été capturés par les Espagnols sur un corsaire algérien (1).

Une fois l'église terminée, il peignit, pour achever de l'embellir, plusieurs plafonds, qui, malheureusement pour la postérité, devaient périr cent ans plus tard dans un incendie causé par la foudre.

IX

Au commencement de l'année 1620, Marie de Médicis, rentrée à Paris après son premier exil de la cour de France, entreprit d'embellir le palais du Luxembourg, sa nouvelle résidence.

Elle désirait surtout enrichir sa galerie, en y faisant figurer des tableaux de grands maîtres.

Le baron de Vicq était alors ambassadeur des archiducs Albert et Isabelle à la cour de Louis XIII ; connaissant la supériorité du pinceau de Rubens, il désigna à la reine-mère le jeune artiste flamand, et fut chargé par cette princesse de le prier de se rendre près d'elle.

(1) C'est à tort, dit un évrivain de nos jours, qu'on a attribué à Rubens le plan de l'église des Jésuites ; on sait maintenant que ledit plan a été dressé par un membre de la Compagnie de Jésus, François d'Aguillon. (Paul Mantz, *Gazette des Beaux-Arts.*)

Pierre-Paul s'empressa de venir à Paris, et se mit à la disposition de la mère de Louis XIII.

Marie de Médicis lui fit le plus gracieux accueil, et lui commanda vingt et un tableaux, dont les sujets représenteraient les principales époques de sa vie, depuis sa naissance jusqu'à sa réconciliation avec son fils.

Pierre-Paul, ne pouvant entreprendre un si important travail que dans son vaste atelier d'Anvers, ne resta que quelques jours à Paris, et une fois de retour chez lui, son premier soin fut d'envoyer au baron de Vicq, qui l'avait recommandé et présenté à la reine-mère, un témoignage de sa reconnaissance; il lui fit présent d'une délicieuse toile représentant la Vierge et l'enfant Jésus.

Mais là ne se borna pas sa gracieuseté envers cet ambassadeur; à son second voyage à Paris, où sa présence fut nécessaire pour placer ses tableaux selon l'ordre de l'histoire et choisir le jour qui leur convenait le mieux, il lui demanda la permission de peindre son portrait et celui de son épouse.

Deux chefs-d'œuvre à ajouter à tant d'autres.

Pendant le temps que Rubens passa dans la galerie du Luxembourg, occupé à exécuter sur ses toiles quelques retouches qu'il avait jugées indispensables, la reine-mère l'honora souvent de ses visites, prenant un véritable plaisir à s'entretenir avec lui de tout ce qu'il avait vu pendant ses différents voyages.

Les attentions dont elle entourait l'artiste étaient ingénieuses et délicates; elle voulut absolument qu'il vît le cercle des princesses de la cour, afin qu'il jugeât de leur beauté et lui fît rapport de son choix.

Botru, gentilhomme de la cour, fut chargé de l'introduire dans cette gracieuse et illustre assemblée.

Quand Pierre-Paul eut pris le temps de contempler le ravissant spectacle qu'il avait devant les yeux, il dit à son introducteur :

— Les grâces et la beauté de Madame la duchesse de

Guiménée brillent sur tous les attraits des autres Dames de la cour.

— En effet, répondit Botru, c'est une beauté singulière; elle surprend tout l'univers.

Le lendemain, Marie de Médicis lui demanda si, au cercle de la cour, il avait distingué quelque beauté préférable à ce qu'il avait pu voir dans ses voyages.

— Votre Majesté peut être persuadée, répondit Rubens, que si j'étais Pâris, j'offrirais la pomme à l'incomparable duchesse de Guiménée.

— Vous lui rendriez justice, répliqua la reine-mère, et elle félicita le jeune artiste sur son bon goût.

Quand ses vingt et un tableaux furent définitivement mis en place, la princesse lui en demanda quatre autres: son portrait, grandeur naturelle, où elle serait représentée ornée des attributs de Pallas; les portraits du grand duc et de la grande duchesse de Toscane, et enfin le portrait du célèbre peintre qui avait bien voulu mettre son habile pinceau à la disposition de Son Altesse royale.

Cette dernière toile était destinée à son cabinet particulier.

Marie de Médicis aurait bien désiré retenir à la cour de son fils l'artiste flamand; mais Pierre-Paul sut résister aux séduisantes promesses qui lui furent faites, et le 19 septembre 1622, il reprit la route de Bruxelles, emportant avec lui la commande d'une seconde suite de tableaux destinés à consacrer les hauts faits du roi Henri IV, l'époux de Marie de Médicis, et qui devaient être placés dans la galerie parallèle à celle qu'il venait de terminer.

Cette seconde commande, qui ne fut jamais exécutée et dont cependant il avait commencé les esquisses, causa à Rubens de grands ennuis, comme on peut le voir par plusieurs lettres de sa correspondance intime. Restée longtemps en suspens, elle finit par être définitivement décommandée, à la suite d'une nouvelle querelle de la reine-mère avec son fils.

Il paraît du reste que l'artiste n'eut pas à se louer de ses rapports avec le trésorier de Marie de Médicis; car, à la date du 15 mai 1625, dans une lettre à l'un de ses amis, il se plaignait du retard qu'on mettait à satisfaire ses honoraires pour la galerie depuis longtemps terminée.

« Je m'ennuie de cette cour, marquait-il, et si on ne me satisfait pas aussi ponctuellement que je l'ai fait pour le service de la reine, il pourrait bien arriver que je n'y revienne pas facilement (ceci soit dit entre nous). »

On raconte qu'à l'époque où Pierre-Paul, revenu de Paris, s'occupait de la composition des tableaux commandés par la reine-mère, un bruit sinistre s'était tout à coup répandu dans Anvers; on assurait que Rubens était mort, et cette nouvelle, parvenue jusqu'à Paris, avait jeté la consternation parmi ses amis.

Heureusement, on s'était alarmé à tort; mais cependant il venait de se passer quelque chose d'anormal: la vie de Rubens avait été menacée par un fou. Grave affaire pour les braves Anversois qui n'entendaient pas qu'on touchât à leur glorieux concitoyen; aussi s'empressèrent-ils d'adresser une requête au conseil privé pour le prier d'ordonner au bourgmestre et à ses agents de protéger Rubens contre les dangers qui menaçaient son existence et son repos.

Déjà, pendant les fêtes données à Paris à l'occasion du mariage de la princesse Henriette de France avec le roi d'Angleterre, Pierre-Paul avait couru un danger de mort; mais il eut la chance d'échapper ce jour-là à un accident qui attrista la cérémonie.

Une tribune en planche avait été dressée devant la porte de l'église Notre-Dame, et elle était chargée de spectateurs; cet échafaudage s'écroula tout à coup, entraînant dans sa chute un grand nombre de curieux, entre autres Vulavès, le frère de son intime ami Peiresc, qui fut assez grièvement blessé. Quant à lui, sorti sain et sauf de cette bagarre, après avoir, en bon camarade, donné des soins au susdit Vulavès, il était reparti tranquillement pour Anvers.

X

Pendant son second voyage en France, Rubens avait eu l'occasion de rencontrer à la cour le duc de Buckingham.

Le favori de Charles Ier, roi d'Angleterre, s'était rendu à Paris pour accompagner et conduire à Londres la princesse Henriette, unie à son souverain.

Ce seigneur invita Rubens, avec lequel il s'était tout à coup lié d'amitié, à venir le voir à son hôtel, ayant, disait-il, à l'entretenir d'une affaire particulière. C'était au sujet des mésintelligences qui existaient à cette époque entre les couronnes d'Espagne et d'Angleterre.

Il lui confia qu'il ne désespérait pas d'arriver à une entente vivement désirée par son maître, et il lui en détailla les moyens, le priant de les communiquer en secret à sa souveraine, qui, de son côté, en donnerait officieusement connaissance au roi d'Espagne.

Rubens, dès son arrivée à Bruxelles, rendit compte à l'archiduchesse Isabelle de sa visite au duc de Buckingham; cette princesse lui conseilla d'entretenir une correspondance avec le seigneur anglais, se réservant de faire part au roi d'Espagne de ce qu'elle venait d'apprendre quand elle jugerait le moment opportun.

Ici doit trouver place un fait d'une certaine importance dans l'histoire du grand artiste flamand.

Milord Buckingham, avec lequel il continuait à entretenir des relations de plus en plus amicales, lui proposa un jour, par lettre, de lui acheter son cabinet, et il lui envoya à cet effet un sieur Blondel, grand connaisseur et amateur de curiosités artistiques, qui, sans balancer un seul instant, lui offrit de lui payer ses collections cent mille *florins*, argent de Brabant.

Pierre-Paul réfléchit longtemps à la proposition qui lui était faite de la part de son nouvel ami, du noble duc auquel il lui coûtait de répondre par un refus; mais l'insistance que Buckingham ne craignit pas de mettre à la conclusion de cette affaire, finit par triompher de l'irrésolution bien naturelle de l'artiste; seulement Rubens fit stipuler dans le contrat de vente que toutes les statues, vases, bustes et bas-reliefs seraient moulés, et que les reproductions fidèles de ces différents objets seraient mises à la place des originaux, le tout aux frais et dépens de l'acheteur; de sorte qu'en substituant aux tableaux vendus d'autres toiles de même importance, il put se figurer que son cabinet n'avait subi aucun changement.

On s'explique difficilement cet acquiescement au désir de Buckingham, quand on se reporte à la lettre que Rubens écrivait peu de temps auparavant à l'un de ses amis, à l'occasion de la cession que venait de faire Vincent de Gonzague au gouvernement anglais de ses collections artistiques, et qui se terminait par les lignes suivantes :

« Le duc de Mantoue aurait dû mourir avant de vendre son cabinet aux Anglais; une partie des objets précieux qu'il possédait est déjà arrivée à Anvers, d'où ils partiront dans quelques jours pour la Grande-Bretagne.

» Cette vente me cause tant de déplaisirs, que j'ai l'envie de m'écrier, à la place du poète anglais : *Éloignons-nous d'ici.* »

Certains chroniqueurs de l'époque ont prétendu qu'en consentant à un pareil marché, Rubens avait agi par avarice, tenté par l'énorme somme qu'on lui offrait des trésors artistiques accumulés dans sa maison d'Anvers.

L'usage que le peintre flamand faisait de sa fortune, donne un éclatant démenti à cette assertion mensongère.

Rubens aimait l'argent, il faut en convenir, mais c'était uniquement parce que sa richesse lui procurait les moyens d'encourager les arts et de venir au secours des confrères moins heureux que lui.

XI

Depuis que la réputation de Rubens s'était étendue au loin, il ne pouvait plus suffire aux nombreuses commandes qui lui étaient journellement adressées, et il lui devenait impossible de les exécuter à lui seul; aussi parfois se faisait-il aider par quelques-uns de ses meilleurs élèves. Il dessinait de sa propre main l'esquisse du tableau demandé, l'élève en faisait l'ébauche, et il l'achevait ensuite lui-même en lui donnant les dernières touches.

Le pléban (1) de la métropole de Malines lui avait commandé une pièce d'autel pour la chapelle du Saint-Sacrement de son église représentant la Cène; et, pour éviter la difficulté du transport, il avait mis à sa disposition une salle de son presbytère.

Rubens ayant terminé dans son atelier d'Anvers l'esquisse du tableau, envoya la toile chez le susdit pléban, et chargea son élève, Juste Van Egmont, d'ébaucher le sujet.

Le pléban demanda au jeune artiste pourquoi son maître ne venait pas lui-même, et Van Egmont lui répondit que Rubens comptait mettre la dernière main au tableau.

(1) Pléban, curé à l'élection du chapitre.

Mais cela ne faisait pas l'affaire de notre homme, qui, trouvant beaucoup à redire à l'un des bras de Judas, interdit à celui-ci, qu'il appelait irrévérencieusement un *manœuvre,* de continuer son travail.

Pierre-Paul, prévenu par son élève, accourut à Malines, se rendit chez le pléban, et, lui mettant le marché à la main, lui déclara nettement que c'était sa manière d'agir et que personne n'avait jamais eu à s'en plaindre. Seulement, pour couper court à toute discussion, il saisit un pinceau, corrigea le bras de Judas, et, séance tenante, perfectionna le tableau à l'entière satisfaction de celui qui devait le payer.

Cela se passait en l'an 1623. A la même époque et dans la même ville de Malines, le curé de Saint-Jean, voulant suivre l'exemple du pléban de la métropole, demanda à l'artiste flamand un grand tableau pour le maître-autel de son église.

Le sujet donné était, pour le fond, l'adoration des mages, et, pour les volets, quelques passages de la vie de saint Jean-Baptiste et de celle de saint Jean l'Évangéliste, patrons de la paroisse.

Rubens fut, à ce qu'il paraît, on ne peut plus content de son œuvre; car il disait quelque temps après à l'une de ses connaissances qui lui faisait compliment sur ses beaux ouvrages en général :

— Allez, mon ami, à Malines, dans l'église de Saint-Jean, pour voir de belles pièces de ma main.

Rubens exécuta encore huit tableaux pour la chapelle des Poissonniers dans l'église de Notre-Dame, et cette fois, suivant convention faite, sans le secours de ses élèves.

1° *L'Histoire de Tobie.*
2° *La Pêche du poisson portant le denier du tribut.*
3° *La Pêche de saint Pierre.*
4° *Saint Pierre.*
5° *Saint Paul.*

6° *Jonas à la mer.*

7° *Saint Pierre s'enfonçant dans les flots pour avoir douté de la puissance du Seigneur.*

8° *Le Christ en croix.*

Ces huit toiles furent exécutées en quelques jours, au château et seigneurie de Steen, propriété que Rubens possédait à sept quarts de lieue de Malines, où le doyen du métier des poissonniers lui apporta la somme de mille florins, argent de Brabant, selon la quittance déposée dans les archives dudit métier.

Ce château de Steen était le lieu solitaire où le peintre, dans la belle saison, allait se reposer de ses rudes travaux; il était situé dans une contrée montagneuse, où des bois, des prairies et de belles perspectives offraient un contraste frappant avec le terrain plat et monotone des environs d'Anvers.

XII

Recherché et honoré de tous les souverains de l'Europe, heureux époux et heureux père, comblé de richesses et de gloire, Pierre-Paul Rubens, qui n'avait plus rien à désirer sur la terre, devait être bientôt cruellement éprouvé.

Le 29 septembre 1626, après treize années de mariage, l'impitoyable mort lui enlevait sa chère Isabelle, dont il avait eu deux enfants, Albert Rubens, qui devint secrétaire du conseil privé, et Nicolas Rubens, seigneur de Ramier et d'autres lieux.

L'épouse de Rubens fut inhumée à côté de sa mère,

dans l'église de l'abbaye de Saint-Michel. Voici l'inscription qu'il fit mettre sur son tombeau :

Matri virgini
Hanc tabulam a se pictam
pro affectu ad optimæ matris
sepulchrum
commune cum ISABELLA BRANT
Uxore sua
dicat P. P. RUBENS
L. M. D.
Ipso die Michaelis archangeli,
anno 1626.

Le tableau dont il est parlé dans cette inscription fut donné par Rubens à l'abbaye de Saint-Michel, pour honorer la sépulture de sa mère, celle de son épouse et celle de son frère aîné, Philippe, également enterré dans le tombeau destiné pour lui et toute sa famille.

Cette toile est la copie de celle qu'il peignit à Rome pour l'église de Sainte-Croix.

La mort inattendue de sa chère Isabelle plongea Rubens dans un profond désespoir, et il en fut longtemps inconsolable. Mais tout s'use ici-bas, même les regrets qui semblaient devoir être éternels ; aussi, au bout de plusieurs mois employés à pleurer celle qu'il avait eu la douleur de perdre, Rubens alla-t-il chercher quelques consolations dans les bras de l'amitié.

Il abandonna son château de Steen, qui ne lui offrait plus que de douloureux souvenirs, et partit pour la Hollande avec l'intention de se rendre à Utrecht, où était établi un de ses plus anciens camarades, Camille Poulemburg, avec lequel il s'était étroitement lié pendant un de ses séjours à Rome.

Poulemburg fut enchanté de le revoir, et mit tout en œuvre pour dissiper la mélancolie qui menaçait de compromettre la santé de son ami.

Avant d'arriver à Utrecht, Rubens avait passé par

Tergaut, où résidait en ce temps-là Jacques Block, peintre jouissant d'une certaine réputation ; ce fut par cet artiste qu'il commença la série des achats de tableaux qu'il devait faire en route.

Le hasard lui ayant fait rencontrer à Tergaut un certain Sandrart, graveur célèbre et homme de science comme de probité, qu'il avait également connu à Rome, il fut convenu entre eux qu'après quelques jours passés à Utrecht près de Poulemburg ils feraient ensemble le voyage d'Amsterdam.

Avant de quitter Utrecht, Rubens acheta plusieurs tableaux à son ami, et en outre fit emplette chez le peintre Hont-Horst, où le conduisit Sandrart, d'un tableau représentant Diogène cherchant en plein midi, la lanterne à la main, des hommes sur la place d'Athènes.

Cet artiste avait une manière à lui de distribuer l'ombre et la lumière ; son procédé frappa Rubens, qui lui adressa à ce sujet de chaleureux compliments.

Après avoir, en compagnie de Sandrart, visité la ville d'Amsterdam où il acheta encore d'autres tableaux, il se sépara de son compagnon de voyage que ses affaires rappelaient à Tergaut, et se rendit seul à La Haye, résidence des États généraux.

Les amis de Rubens supposaient qu'il n'avait entrepris le voyage de Hollande que pour se distraire ; mais cette excursion avait encore un autre but qu'il ne laissa deviner à personne. Chargé d'une mission de confiance pour la cour de Bruxelles, il sut s'en acquitter avec son habileté ordinaire.

Ce ne fut pas seulement en Hollande que Pierre-Paul se plut à encourager les artistes. Déjà à Anvers il avait donné des preuves du sincère intérêt qu'il prenait à ses confrères ; témoin Van-Dyck, un de ses anciens élèves qui s'était plaint devant lui que son pinceau ne lui rapportait pas de quoi vivre, et auquel, par bonté d'âme, il acheta toutes les toiles qui se trouvaient dans son atelier.

Certains confrères de Rubens qui portaient envie à sa gloire et à ses richesses, cherchaient par des moyens détournés à lui enlever des commandes ; Cornille Schut, l'un d'eux, médisait de lui à tout propos.

Pierre-Paul avait mis dans sa tête que ledit Cornille Schut deviendrait son ami. Un jour, il alla le trouver dans son atelier. Son confrère fut tellement surpris d'une pareille visite qu'il en resta tout interdit, sans trouver une seule parole pour lui souhaiter la bienvenue.

Rubens, voulant le tirer d'embarras, se mit à discourir sur les progrès des beaux-arts, sur les nouvelles du temps, et, tout en parlant, examina ses ouvrages dont il lui fit un grand éloge, lui proposant ensuite de les acheter et le priant de les mettre à prix.

Cornille Schut, dont l'amour-propre était excessif, lui en demanda une somme d'argent fort exagérée ; cependant Rubens le prit au mot et le paya comptant. Mais cette fois il avait semé sur un mauvais terrain ; Cornille Schut ne lui sut aucun gré de la noblesse de son procédé, et quand Rubens lui proposa de venir l'aider dans l'exécution de quelques tableaux, quand il aurait du temps de reste, il refusa dédaigneusement d'aller travailler à côté d'un artiste qu'on aurait pu supposer son maître, et dont, dans son orgueil, il se croyait l'égal en talent.

Heureusement, Cornille fut une exception ; le caractère droit et affable de Pierre-Paul finit par lui gagner tous les cœurs, tant de ceux qui eurent avec lui des relations que de ceux qui d'abord s'éloignèrent de lui et lui voulurent du mal.

XIII

On se rappelle qu'à la suite de sa liaison avec le duc de Buckingham, ce dernier avait chargé Rubens d'entretenir en secret l'archiduchesse Isabelle au sujet du conflit survenu entre la cour de Charles Ier, roi d'Angleterre, et celle de Philippe IV, roi d'Espagne, et qu'il lui avait en même temps confié les moyens par lesquels les parties belligérantes pourraient arriver à un accommodement.

L'archiduchesse prit conseil de son ministre, le marquis de Spinola, sur l'opportunité des démarches à entreprendre et sur le choix de la personne que l'on pourrait mettre en rapport avec le roi d'Espagne.

Leur choix tomba sur Rubens; l'archiduchesse était persuadée qu'elle ne trouverait à sa cour aucun diplomate plus capable que lui de conduire cette délicate négociation.

Rubens fut donc envoyé par Isabelle à la cour de Madrid pour y recevoir les instructions de Philippe IV, les porter ensuite à Londres et conférer avec les ministres de Sa Majesté britannique au sujet de la paix à conclure entre les deux puissances.

Pierre-Paul arriva à Madrid dans le courant du mois de septembre 1627.

Sa Majesté catholique le reçut dans son cabinet avec beaucoup de distinction, et l'envoyé de l'archiduchesse lui expliqua le sujet de sa mission.

Philippe IV sut apprécier la haute intelligence de l'artiste diplomate, et jugea qu'il pouvait se reposer sur sa prudence et son solide jugement; mais, pour s'en assurer davantage, il le consulta sur une affaire d'État qui n'avait aucun rapport avec celle qu'il aurait à traiter à Londres.

Rubens donna son avis et l'appuya de judicieuses raisons, démontrant au roi toutes les conséquences qui pouvaient résulter du cas épineux soumis à son appréciation.

Le duc d'Olivarès, ministre de Sa Majesté catholique, voulut à son tour le mettre à l'épreuve, et il fut tellement satisfait de ses réponses à différentes questions faites pour l'embarrasser, qu'il déclara à son maître que Rubens était plus propre à conduire des affaires de cour et d'État qu'aucun des sujets de son royaume.

A la suite des rapports que lui avait faits son ministre, sur les entretiens qu'il avait eus avec l'artiste flamand, Philippe IV octroya à ce dernier les patentes de Secrétaire du conseil privé de l'archiduchesse, avec la survivance pour son fils Albert, voulant, par cette insigne faveur, honorer son mérite et son caractère (1).

A son arrivée à Madrid, où on lui avait fait préparer un atelier dans une des dépendances de la demeure royale, Philippe IV avait mis l'envoyé de l'infante en rapport avec un jeune artiste attaché à sa cour. Il avait mission d'accompagner le peintre flamand et de lui montrer les curiosités de la capitale.

Ce cicerone improvisé se nommait Vélasquez, et avait le droit de dire son sentiment dans les questions d'art; car il avait déjà fait ses preuves en peignant de fort beaux portraits, genre de talent dans lequel il excellait.

Les relations entre le Flamand et l'Espagnol furent, dès les premiers jours, étroites et cordiales, et ce fut d'après les conseils de Rubens, qui lui vantait l'éclat éblouissant des carnations lumineuses qu'on admire dans les tableaux

(1) Le despotisme des traditions voulait qu'il en fut ainsi; un peintre, même célèbre, n'était pas un personnage d'assez riche étoffe. Il était bon que l'artiste se présentât à Londres investi d'un titre brillant. (PAUL MANTZ, *Gazette des Beaux-Arts*, 1884.)

de l'école italienne, qu'il entreprit plus tard le voyage de Rome, où il acheva de se perfectionner en modifiant avantageusement sa première manière.

Rubens, doué d'une activité surprenante, travaillait toujours et partout avec une ardeur fébrile. On évalue à plus de quarante le nombre des tableaux originaux ou copies qu'il peignit pendant le séjour forcé qu'il dut faire à la cour de Sa Majesté catholique. On cite, parmi ces différentes toiles, le portrait équestre de Philippe IV, et celui de la reine Elisabeth de France, fille d'Henri IV et de Marie de Médicis. Dans ce portrait qui est aujourd'hui au Louvre, la princesse est représentée somptueusement vêtue et assise dans un grand fauteuil de velours rouge.

Ce portrait est un de ceux qui trahissent le mieux sa manière un peu superficielle dans l'art de la portraiture; l'artiste, jaloux de plaire, se laissait aller parfois à la fantaisie, et, pour flatter ses modèles, ne craignait pas d'embellir la nature; ainsi, dans le portrait d'Elisabeth de France, il a légèrement corrigé le nez bourbonien qui caractérisait le visage du Béharnais.

En présence des magnifiques toiles du Titien que possédait le roi d'Espagne, Rubens, entraîné par la séduction de la couleur, reprit, comme au temps où il était à la cour de Vincent de Gonzague, le pinceau du copiste, et à l'âge de cinquante ans redevint écolier. Il existe encore dans le musée de Madrid plusieurs tableaux du Titien qu'il ne dédaigna pas de reproduire, espérant par ce travail s'assimiler certaines perfections qu'il savait lui faire encore défaut (1).

Rubens, fut, on peut le dire, un homme universel et surtout infatigable. Une seule besogne ne pouvait le

(1) Cependant jamais Rubens n'a pu s'astreindre à reproduire quoi que ce soit avec une fidélité absolue; il a toujours mêlé une effluve de sa personnalité à toutes les traductions qu'il a entreprises. Il resta inventeur dans la copie. (Paul Mantz, *Gazette des Beaux-Arts.*)

satisfaire. Vers le soir, quand l'obscurité le forçait de quitter son pinceau, il prenait le crayon et se livrait à un autre exercice. Cet artiste, qui se complaisait dans les grandes compositions, avait encore la patience de dessiner des frontispices pour les ouvrages que publiaient les grandes librairies d'Anvers. Ces dessins étaient le délassement de ses soirées.

Pendant quelque temps, il s'occupa même de gravure; il voulait savoir par des expériences personnelles comment se comportait la planche de cuivre sous la pointe de l'outil et la morsure de l'acide. Les résultats qu'il obtint de ses tentatives de gravure à l'eau-forte lui donnèrent d'excellents résultats.

Ce fut pendant son séjour à Madrid qu'il lui survint une curieuse aventure.

Le roi de Portugal, ayant appris l'accueil distingué fait à Rubens par Philippe IV, et le cas tout particulier qu'il faisait du peintre flamand, fut curieux de se rencontrer avec celui qu'il appelait, par dérision, un prodige de la nature.

Rubens avait accepté l'invitation qui lui avait été adressée de se rendre à la Villaviciosa, maison de chasse du souverain, et s'était fait accompagner par un certain nombre de seigneurs espagnols et flamands, désireux de profiter de l'occasion pour voir la cour de Portugal. Mais le roi, informé qu'un nombreux cortège de cavaliers allait arriver à sa résidence, en prit ombrage, et envoya un de ses gentilshommes au-devant du peintre, chargé de le prévenir qu'il venait de partir pour Lisbonne, où le rappelaient des affaires d'État, et lui offrir en même temps une bourse de cinquante pistoles pour ses frais de voyage.

Les nobles voyageurs qui accompagnaient l'artiste s'indignaient de ce procédé peu royal, quand Rubens, s'adressant à l'envoyé du prince :

— Je vous supplie, lui dit-il, d'assurer le roi votre maître de mes très humbles respects, et que je suis mortifié qu'après avoir satisfait à ses ordres, je me vois frustré de la grâce de m'offrir à ses commandements royaux. D'ailleurs, que Sa Majesté daigne se persuader que le motif de mon voyage n'a pas été établi sur un présent de cinquante pistoles, tandis que j'avais destiné mille pièces de la même monnaie pour mes dépenses à la Villaviciosa.

Malgré les travaux auxquels il se livrait sans relâche, malgré les distractions sans nombre de la cour du roi d'Espagne, Rubens n'oubliait pas sa famille. Ses enfants étaient sa préoccupation constante, comme le prouve le passage suivant d'une lettre qu'il écrivait à cette époque à l'un de ses amis intimes, le docteur Gévaers, secrétaire de la ville d'Anvers, pour lui recommander de veiller à l'éducation de son fils Albert.

La dite lettre se terminait par cette singulière phrase :

« Tâche d'inspirer à ce cher enfant l'amour des belles-lettres et les sentiments d'honneur, pour *enfiler la carrière de la vertu, monter à la cime de la sagesse et de la prud'homie.* »

Le roi d'Espagne lui fit attendre dix-huit mois ses lettres de créance pour la cour de Charles Ier, et il ne quitta Madrid qu'à la fin du mois d'août 1629.

Pour donner à Rubens de nouvelles preuves de satisfaction et de confiance, Philippe IV lui avait fait remettre, au moment de son départ, une bague enrichie d'un diamant de grand prix et six magnifiques chevaux d'Andalousie.

Avant de partir pour la Grande-Bretagne, Pierre-Paul revint à Bruxelles, où il avait à rendre compte à sa souveraine de la mission qu'il avait à remplir à la cour du roi Charles Ier.

Son Altesse royale, ayant examiné avec le marquis de Spinola les instructions qui lui avaient été données par la cour d'Espagne, l'invita à se rendre, sans autres retards, en Angleterre, et il y arriva à la fin d'octobre.

Il ne devait pas y trouver son grand ami, le duc de Buckingham ; le favori de Charles Ier était mort assassiné depuis plus d'un an, et ce fut au chancelier Cottington qu'il communiqua ses pouvoirs et l'objet de sa mission.

Peu de jours après son arrivée à Londres, le roi d'Angleterre le reçut dans son cabinet et prit connaissance des propositions amicales que lui faisait faire la cour d'Espagne par son entremise.

Après plusieurs conférences, dans lesquelles il déploya un véritable talent diplomatique, il eut la gloire de négocier la paix à la satisfaction des deux couronnes d'Angleterre et d'Espagne.

Cette paix fut signée le 15 novembre 1630, et ratifiée à Londres le 7 décembre de la même année.

En récompense de ses services, Charles Ier créa Rubens chevalier en plein parlement, et lui fit présent de l'épée garnie de diamants avec laquelle Sa Majesté daigna faire la cérémonie, ajoutant aux armes du nouveau chevalier un *canton* chargé d'un lion d'or.

De plus, dans son audience de congé, le roi lui donna le cordon de son chapeau de la valeur de dix mille écus, une bague enrichie de pierres précieuses et une chaîne d'or à laquelle était suspendu son portrait.

Pendant le temps qu'il passa en Angleterre, Charles Ier demanda à Rubens neuf grands tableaux et un plafond pour la salle des ambassadeurs dans son palais de Wit-Hall.

Ces toiles représentaient, par allégorie, les actions héroïques de Jacques Ier, et les événements à la suite desquels il était arrivé en Angleterre après avoir conquis le royaume d'Écosse.

Rubens peignit encore pour Charles Ier un *Saint-Georges à cheval*, qui était le portrait frappant de Sa Majesté britannique.

On sait qu'il aimait à reproduire dans ses tableaux les traits des personnages au milieu desquels il vivait ou de ceux qu'il avait connus; ainsi, dans sa vieillesse, ayant eu à peindre une toile où était représentée la Vierge assise sous un berceau de verdure et tenant sur ses genoux l'enfant Jésus devant lequel saint Bonaventure et plusieurs autres saints et saintes étaient agenouillés, il fit de cette composition un tableau de famille.

Il s'y est représenté lui-même sous les traits de saint Georges; Marthe et Marie sont les portraits de ses deux femmes; saint Jérôme, celui de son père, et un ange, celui d'un de ses fils.

XIV

A peine arrivé à Bruxelles, où il avait été rendre compte de son voyage à sa souveraine, l'archiduchesse le fit repartir pour Madrid, à l'occasion des mésintelligences qui existaient de nouveau entre sa cour et les États de Hollande; elle avait besoin du concours du roi d'Espagne pour les aplanir.

Rubens, l'habile négociateur, fit cette fois son entrée à Madrid comme les Césars le faisaient au sénat de Rome après leurs conquêtes de quelques provinces; et Sa Majesté catholique, pour prouver de nouveau sa haute estime à celui qui avait conduit si heureusement les négociations dont il l'avait chargé, l'honora de la Clef-d'or et confirma par lettres patentes son titre de chevalier qu'il tenait du roi d'Angleterre.

Ces lettres patentes, en date du 21 août 1630, lui furent remises, de la part de Sa Majesté catholique, par le duc d'Olivarès.

Elles étaient conçues en ces termes (1) :

« Philippe, par la grâce de Dieu, roi de Castille, de Léon, d'Arragon, des Deux-Siciles, de Hiérusalem, du Portugal, de Navarre, de Maillorques, Grenade, Tolède, Valence, Gallice, de Séville, Sardaigne, etc., etc., etc., à tous ceux qui ces présentes verront, salut. Sçavoir faisons, que pour la bonne relation que faitte nous a été de nôtre cher et féal Pierre-Paul Rubens, secrétaire de nôtre conseil privé en nos Pais bas, et des bons et agréables services qu'il nous a rendus en differenty occasions, tant en nos Pais bas, en cette nôtre court, qu'en Angleterre où il a été envoié de nôtre part, pour affaires concernantes grandement nôtre service et le bien publique, s'etant en tout honorablement, noblement acquitté de son dévoir à nôtre entière satisfaction et avec particulier témoignage de son zèle, dextérité et suffisance;

» Pour ces causes et tout ce que dessus considéré, même à fin de le stimuler davantage et de lui donner occasion par quelque marque d'honneur de s'evertuer de plus en plus a notre service, nous, désirants favorablement le tracter, décorer et élever, avons à l'avis et favorable intercession de nôtre très chère et très aimée bonne tante, madame Isabel, Clara, Eugénie, par la grâce de Dieu infante d'Espagne, etc., etc., le dit Pierre-Paul Rubens fait et crée, faisons et créons chevalier par ces présentes; voulants et entendants que dorésnavans, il soit tenu et respecté pour telle en toutes les actes et besoignes, et jouisse des droits et liberté et franchise dont jouissent et ont accoutumés de jouir tous autres chevaliers par touttes nos terres et fignament en nos dits Pais bas, tout ainsi et en la même forme, et manières, comme s'il eut été fait et crée chevalier de nôtre propre main, mandons et commandons à tous nos lieutenants, gouverneurs, maréchaux et autres, nos justiciers, officiers et sujets à

(1) On a cru devoir en conserver l'orthographe.

qui ce peut toucher, en quelque manière que ce soit, que le dit Pierre-Paul Rubens, ils souffrent et laissent jouir du dit titre de chevalier, et de tout le contenu en ces dittes patentes paisiblement, et paisiblement jouir et user sans lui mettre ou donner, ou souffrir être fait, mis, ou donner aucun trouble, d'estourbier ou empêchement au contraire, *car, ainsi nous plaît-il,* pourvu que, au préalable, les dittes patentes soient presentées à don Guan de Castillo, notre secrétaire des Mercedes, à fin d'en tenir note et mémoire ès livres de sa charge, en témoignage de quoi nous avons signés ces présentes de notre sceel.

» Donné en notre grande ville de Madrid, royaume de Castille, le 21 août 1630.

» PHILIPPE.

» Pour le roi, contresigné Geldorps et don Guan de » Castillo. »

XV

A son retour de Londres, dans le courant du mois d'août 1630, et avant son second voyage à Madrid, Rubens, déjà vieux, avait épousé en secondes noces la noble demoiselle Hélène Formann, âgée de seize ans, et d'une rare beauté.

Cette jeune dame, au dire de certains biographes, ne fut pas toujours exempte de reproches; mais n'ont-ils pas fait confusion avec la première épouse de Rubens que d'autres chroniqueurs ont accusé, bien à tort, hâtons-nous de le dire, d'avoir eu une conduite plus que légère?

N'a-t-on pas été jusqu'à prétendre que Rubens n'aimait pas Isabelle Brant, qu'il avait eu des preuves de son infidélité, et que, pour se venger de la pauvre femme, il l'avait représentée dans son tableau du *Jugement dernier* entre les griffes d'un diable qui l'entraînait aux enfers, tandis qu'Hélène Formann, sa seconde femme, était placée au paradis ?

Tous ces racontars sont de pure invention, et on en trouve la preuve évidente dans une lettre qui figure dans sa correspondance intime et qui contient le passage suivant :

« J'ai perdu une excellente compagne. On pouvait, que dis-je, on devait la chérir, même par raison, car elle n'avait aucun des défauts de son sexe, point d'humeur chagrine, point de ces faiblesses de femme, mais rien que de la bonté et de la délicatesse. Ses vertus la faisaient chérir de tout le monde pendant sa vie ; depuis, elles causent des regrets universels. »

Se serait-il exprimé ainsi au sujet d'une épouse dont il aurait eu à se plaindre ?

A peine Pierre-Paul fut-il de retour à Anvers qu'il fut de nouveau accablé de commandes ; et, il faut le dire à sa louange, au lieu de faire comme tant d'autres eussent fait à sa place, au lieu de se livrer à la mollesse, de négliger son pinceau, il se remit courageusement au travail.

Le premier qui vint solliciter son concours, fut le prévôt de l'abbaye d'Affleghem. Il était question d'un tableau d'autel représentant le Christ traînant sa croix au Calvaire.

Ce tableau fut achevé en seize jours, et quand il s'agit de le payer, le prévôt et son proviseur trouvèrent que le peintre leur demandait un prix exorbitant (1600 florins), et comme Rubens avait employé peu de temps à parfaire son œuvre, ils se crurent autorisés à lui demander un rabais.

— Messieurs, leur dit Pierre-Paul, si vous croyez que

mon tableau ne vous convient pas, ne vous mettez pas en peine; j'ai tous les jours l'occasion de faire plaisir à ceux qui demandent de mes ouvrages.

A la suite de cette déclaration formelle et décisive, le prévôt et son proviseur comptèrent au peintre la somme demandée, et en outre lui commandèrent plusieurs autres tableaux pour orner leur réfectoire.

L'histoire ne dit pas si le peintre accepta ladite commande.

Le doyen et les principaux de la Confrérie de Saint-Roch, dans la province d'Alost, charmés du bel ouvrage que venait de terminer Rubens dans l'abbaye d'Affleghem, voulurent à leur tour lui demander un tableau pour leur chapelle.

Le tableau commandé fut, comme celui de leurs voisins, achevé en peu de temps, et Rubens, y ayant employé huit jours, demanda pour ses honoraires 800 florins, qui lui furent payés comptant.

Surpris de la générosité des députés de la Confrérie qui payaient sans rien rabattre, Pierre-Paul leur dit gracieusement :

— Messieurs, j'ai des raisons d'être content de votre généreux paiement, préférablement à vos voisins les riches religieux de l'abbaye d'Affleghem qui m'ont *chipoté* sur mes honoraires, et je veux être libéral à mon tour à votre égard, et vous faire présent de trois petites pièces pour placer au-dessus de la table de votre autel.

Ces trois pièces représentaient : au milieu, le Christ en croix; à droite, l'ange guérissant saint Roch de la peste; à gauche, le même saint emprisonné.

Tous les connaisseurs et amateurs de peinture sont d'accord sur la perfection de la toile du milieu; elle réunit tout ce que l'art poussé au plus haut degré ait pu produire de plus beau; la tête du Christ est si habilement reproduite qu'elle semble se mouvoir.

XVI

Depuis que Rubens était revenu de Madrid, il s'était livré sans réserve à son art. Mais la tranquillité dont il jouissait au milieu de sa famille ne devait pas être de longue durée; elle fut tout à coup interrompue par la guerre qui menaçait d'éclater entre l'archiduchesse Isabelle et les États de Hollande.

Cette princesse eut encore recours à Pierre-Paul.

D'accord avec son premier ministre, le marquis d'Aytona, elle envoya l'adroit diplomate à La Haye, avec mission de négocier une trêve qui, en lui faisant gagner du temps, lui permettrait de recevoir le secours du roi d'Espagne ou de quelque autre puissance.

Sous prétexte d'un voyage artistique en Hollande, Rubens arriva comme par hasard à La Haye; invité à se rendre à la cour et à assister aux conférences qui s'y tenaient au sujet de la guerre, il s'y mêla officieusement, et cette fois, sans laisser percer le but réel de son voyage.

A force d'adresse, de persévérance et de persuasion, il était sur le point d'arriver à une entente qui faisait prévoir la conclusion de la trêve désirée par Isabelle, quand la mort subite du prince d'Orange vint interrompre les négociations entamées et le forcer de reprendre le chemin de Bruxelles.

Un peu plus tard, il ne fut plus possible d'éviter la guerre.

Elle n'était pas favorable à la Belgique, et le marquis d'Aytona, justement alarmé des progrès de l'ennemi, ayant conseillé à l'archiduchesse d'envoyer de nouveau un médiateur à La Haye, Rubens reprit le chemin de la Hollande, où il entama de nouvelles négociations, non plus pour arriver à une trêve provisoire, mais à une paix sérieuse proposée par la cour de Bruxelles et conseillée par les délégués accrédités par le roi d'Espagne.

Les États généraux ne repoussèrent pas les propositions que Rubens était chargé de leur faire ; mais si, grâce à son habileté, les hostilités furent suspendues, on lui contesta la gloire d'avoir rapporté à Bruxelles l'olivier de la paix, car les envoyés du roi d'Espagne ne craignirent pas de s'attribuer le mérite d'avoir mis fin à la guerre, et Isabelle seule sut rendre justice à celui auquel elle devait peut-être le salut de ses États.

En 1632, Pierre-Paul Rubens, alors âgé de cinquante-cinq ans, fut nommé doyen de l'Académie des peintres d'Anvers; comblé d'honneurs et de richesses, il n'en conçut jamais d'orgueil, fraternisant sans affectation avec ses amis comme avec ceux qui jalousaient son talent, n'ambitionnant que les occasions d'être utile ou agréable à ceux qui réclamaient ses services.

Quoique souvent distrait de ses travaux ou absorbé par les affaires d'État, il trouvait encore le temps de faire chaque jour quelque bonne lecture, de dessiner, d'ébaucher des esquisses ou d'achever des toiles pour les nombreux clients qui assiégeaient son atelier; et, grâce à l'agilité de son pinceau, à son étonnante facilité à composer des sujets, il parvenait à contenter tout le monde, comme le prouve le grand nombre d'ouvrages dont il enrichit les églises et les musées, non seulement des Pays-Bas, mais de l'Europe entière.

L'année 1633 fut marquée par un événement qui lui causa un profond chagrin : la mort de l'archiduchesse Isabelle, cette vertueuse princesse qui l'avait pris en affection et avait eu recours à lui dans maintes occasions.

Après la mort de l'Infante, Philippe IV, qui avait pris

possession des Pays-Bas, en confia le gouvernement à son frère unique, le prince Ferdinand. Ce dernier ayant annoncé qu'il viendrait prochainement visiter Anvers, le bourgmestre de la ville vint trouver Rubens, et, au nom de ses concitoyens, le pria de dresser les plans des vérandas et portiques triomphaux qu'on voulait placer dans les principales rues par lesquelles le prince devait passer ; il lui demanda également de composer des tableaux allégoriques, relatifs aux vertus héroïques du nouveau gouverneur des Pays-Bas.

Un cruel accès de goutte dont l'artiste fut assailli pendant le séjour du prince Ferdinand à Anvers, fut cause qu'il ne put aller le complimenter et même de juger de l'effet que produisaient sur place les peintures allégoriques qu'il avait exécutées à la satisfaction générale.

A partir de l'année 1634 et pendant les six années qu'il passa encore sur la terre, l'implacable maladie dont il était atteint depuis plusieurs années ne fit que s'aggraver de jour en jour.

Réduit bientôt à l'impuissance, car sa main, crispée par la douleur, n'était plus capable de tenir son pinceau, Rubens supporta avec une résignation chrétienne les plus atroces souffrances, et mourut le 30 mai 1640, à l'âge de soixante-trois ans et onze mois.

Il laissait après lui son épouse, Hélène Formann, avec cinq enfants : François, qui fut conseiller souverain du Brabant; Clara-Eugénia, qui se maria plus tard à Philippe Van Parys, seigneur de Merxhem, etc.; Elisabeth, qui devint l'épouse de N. Lunden ; Constance-Albertine, religieuse, et Pierre-Paul, prêtre.

Les enfants de sa première femme, Isabelle Brant, étaient déjà établis ; Albert fut secrétaire du conseil privé; Nicolas, seigneur de Romeyen.

Hélène Formann fit élever à son mari un magnifique mausolée dans l'église Saint-Jacques d'Anvers.

L'épitaphe, qu'on peut lire encore aujourd'hui sur la

tombe du grand artiste, n'y a été gravée que beaucoup plus tard, vers l'an 1755. Elle est consacrée non seulement à la mémoire du peintre, mais encore à la gloire de celui qui l'a fait graver; en voici la traduction littérale :

PIERRE PAUL RUBENS, chevalier,
fils de JEAN, sénateur de cette ville,
seigneur de Steen,
qui, entre autres qualités par lesquelles par miracle
il excella, posséda la science de l'histoire ancienne;
qui, doué du génie des beaux arts,
non seulement par son siècle
mais dans tous les âges,
mérite d'être appelé Apelle;
et de l'amitié des grands et des rois
se fit un degré pour s'élever encore.
Par Philippe IV, roi d'Espagne et des Indes,
admis parmi les Secrétaires de son conseil privé,
et vers Charles, roi de la grande Bretagne,
envoyé l'an M DC XXIX;
de la paix entre les deux princes
il posa bientôt les bases heureusement.
Il mourut le XXX mai, l'an du salut
M DC XL,
de son age le LXIVe.

* * *

Ce monument par très noble GEVAERTZ, autrefois consacré à PIERRE-PAUL RUBENS, et négligé jusque-là par ses descendants dont la race masculine était déjà éteinte, fut restauré cette année M DCC LV par JEAN-BAPTISTE-JACQUES DE PARYS, chanoine de cette illustre église, et arrière-neveu du grand peintre par sa mère et par son aïeule.

L'église de Saint-Jacques d'Anvers, où se trouve la dépouille mortelle du peintre flamand, n'a cessé d'être, depuis plus de deux siècles, le but d'un pélerinage artistique, hommage rendu à l'immortalité du génie.

La chapelle, dite de Rubens, est située derrière le chœur; l'autel est orné du tableau de l'artiste représentant la Vierge et l'enfant Jésus entourés de saints et de saintes.

Au-dessus de ce tableau on remarque une belle sculpture de Duquesnoy, rapportée par Rubens lui-même; c'est *la Vierge des douleurs.*

Elle a été donnée à l'église Saint-Jacques par Hélène Formann, la veuve du célèbre artiste.

Dans un coin de la chapelle on voit encore une chaise en cuir ornée de clous dorés, qui a fait partie de l'ameublement de l'atelier du peintre.

En 1864, pendant les réparations qui furent exécutées dans les caveaux de l'église Saint-Jacques, le tombeau de Rubens fut ouvert. Il ne restait du grand homme que quelques ossements et un peu de cendre; la tête et les mains n'étaient plus que débris, mais le chapeau et les gants furent retrouvés intacts.

NOTICES SUR RUBENS

Quand ont veut pénétrer la cause première des éminentes qualités que possédait Rubens, on en trouve facilement l'origine.

Ses dignes parents veillèrent à lui inspirer l'amour de son Créateur, celui de son prochain, celui des belles-lettres, le point d'honneur et les vertus chrétiennes.

Jean Rubens et son épouse Marie Pypeling furent des père et mère en état de graver ces sentiments dans le cœur de Pierre-Paul, car ils les possédaient eux-mêmes.

Portrait de l'artiste.

Le chevalier Rubens était de belle taille; il avait le port majestueux, le tour du visage régulièrement formé; ses cheveux étaient châtains, ses joues vermeilles, ses yeux brillants mais d'un feu tempéré. Il avait l'air souriant, l'abord engageant et l'humeur facile; sa conversation était aisée. Éloquent et persuasif, le son de sa voix était agréable.

Toutes ces grâces réunies le rendaient naturellement aimable à tous ceux qui l'approchaient.

Rubens dans son intérieur (par le licencié MICHEL).

Malgré qu'extérieurement sa maison parût un lieu de dépenses et de bonne chère, cependant tout y était réglé comme dans un monastère. L'opulence n'y trouvait place; vivant uniquement comme un simple bourgeois d'Anvers, les excès, le jeu furent toujours bannis de son logis.

Il s'était prescrit et réglé sa manière de vivre, partageant les heures du jour tant pour ses différentes occupations que par ses délassements.

De grand matin, il commençait la journée par le principe du christianisme, la prière, et il allait entendre la messe dans quelque église du voisinage; il s'était formé une loi tellement stricte de cette observation, qu'il n'y manqua jamais que retenu par son infirmité de la goutte dont il fut si souvent accablé, le mal augmentant à mesure de son âge.

En sortant de l'église, il prenait le pinceau ou se mettait à dessiner, ayant toujours près de lui quelqu'un pour lire à haute voix des ouvrages de Plutarque, Virgile, Homère ou quelques autres auteurs qu'il choisissait à sa guise. Sa table était très frugale; les repas délicats, le vin, le jeu ne firent jamais ses délices.

Il passait l'après-midi à travailler jusqu'à cinq ou six heures, selon les saisons; puis, pour se distraire, il montait un beau cheval d'Espagne (1). Ses promenades habituelles étaient dans les faubourgs ou sur les remparts de la ville.

A son retour, il trouvait souvent chez lui quelque bon ami pour l'aider à passer agréablement la soirée.

(1) Il nourrissait dans ses écuries plusieurs de ces chevaux, dont il se servait pour les peindre au naturel quand ses ouvrages le demandaient.

Rubêns dans son atelier.

Un écrivain d'un certain mérite, artiste à ses heures, et que son originalité a fait surnommer le *peintre philosophe*, Viertz, dans son livre ayant pour titre *Œuvres littéraires,* a représenté Rubens devant sa toile, et s'exprime ainsi :

« Le grand coloriste a posé sur divers points les cinq couleurs primitives. A voir comment l'ombre et la lumière naissent, grandissent et détachent les objets, on se figure l'apparition subite du soleil sortant de la mer et éclairant par degrés la nature plongée dans les ténèbres.

» Autant les effets éblouissants de l'astre surprennent et enchantent, autant les capricieux accidents de lumière qui surgissent sous la main de Rubens saisissent et étonnent.

» *La fée va, vient, vole, et la toile frissonnante bourdonne comme un tonnerre lointain.*

» Avec quelle écrasante rapidité la brosse large et hardie attaque l'ensemble et les détails, avec quelle adresse inouïe elle sait donner à tous les corps leur forme, leur caractère, leur couleur.

» Ici, elle établit des masses resplendissantes qui sont le foyer le plus étendu de la lumière ; là, elle débrouille et détache des parties sourdes, renforce des parties faibles, atténue des parties fortes, et, tournoyant sans cesse dans une pâte fraîche et brillante, étend ses soins presque jusqu'aux moindres détails.

» L'esquisse est terminée, la gamme des couleurs est habilement distribuée par le maître. »

Est-ce tout? Ce n'est rien encore ; laissons parler Viertz.

« Cette multitude d'objets, ces êtres aux mille formes

et aux mille couleurs attendent la vie ; Rubens, dont le génie entrevoit d'un seul coup d'œil ce qui manque à la perfection, s'éloigne un instant et parcourt des yeux son œuvre.

» Rapide comme l'éclair, il a repris sa palette chargée de couleurs.

» *La fée va, vient, vole.*

» Partout les objets changent, se développent, grandissent, partout se produisent des effets nouveaux.

» Doit-il rendre la douleur, le calme, l'effroi, une touche juste et hardie l'exprime.

» Ce bras est-il trop long, ce torse est-il trop court, le pinceau d'un trait rétablit les proportions.

» Songeant ensuite aux intérêts de la couleur, il tempère les parties trop brillantes, réveille les parties trop sourdes, salit celle-ci ou illumine celle-là, ranime par des teintes vierges les points principaux, revient rapidement vers les détails, qu'il arrondit, détache, modèle et finit.

» *La fée va, vient, vole.*

» Son impétuosité ne s'arrête pas un instant; elle fouille les ombres obscures et profondes, rehausse de lumières vives tous les corps saillants, les empâte, les fait jaillir de la toile.

» Ainsi s'achève l'œuvre, lorsqu'enfin le peintre attaque une dernière fois toutes les parties du tableau, les frappe vivement de touches fines et légères, les creuse de noirs vigoureux, les pique de blancs étincelants, et, comme si la nature dont il a imprégné son pinceau était dérobée au feu du ciel, il donne à tout ce qu'il vient de créer l'expression et la vie (1). »

Rubens, comme les Vénitiens, aimait le déploiement du luxe, la magie de la mise en scène ; il avait le goût de l'élégance des pompes de la richesse.

(1) *Extrait des Conférences de l'Académie de peinture et de sculpture*, recueillies et annotées par Henri Jouin, lauréat de l'Institut (1883).

L'éclat de ses couleurs exerçait une sorte de fascination, et la merveilleuse souplesse de ses aptitudes lui permettait d'exceller dans toutes les parties de son art.

S'il était particulièrement apte aux grands sujets, s'il aimait à donner de la marge à sa puissante fantaisie, il ne dédaignait pas ce qu'il appelait *les petites curiosités*, et le peintre des vastes compositions s'est montré parfois un admirable miniaturiste.

Rubens a travaillé quelquefois en collaboration. Ce fut avec son ancien camarade Brenghel, devenu un habile paysagiste, qu'il exécuta le beau tableau d'*Adam et Ève*, dans lequel il ne peignit que les deux figures. Avec Snyders, peintre d'animaux, il composa le sujet de *Daniel dans la fosse aux lions*; mais il laissa à son collaborateur le soin de peindre les fauves, qu'il n'aurait peut-être pas exécuté aussi bien que cet artiste dont c'était la spécialité.

Si Rubens savait se méfier de ses propres forces, il connaissait parfaitement ce dont il était capable.

Il était entré, un jour, en relation avec l'évêque de Gand, au sujet d'une toile destinée au maître-autel de l'église de Saint-Bavon; ce saint personnage devait être représenté abandonnant ses biens aux pauvres et embrassant la vie monastique.

Le tableau venait d'être achevé, quand l'évêque de Gand mourut.

Son successeur changea d'avis; il préférait une statue à un tableau.

Rubens ne l'entendit pas ainsi, et il pria l'archiduc Albert de certifier au nouvel évêque que son œuvre était excellente et devait être préférée à toute autre chose.

L'artiste, parlant de son tableau, est curieux à entendre. Il déclare, dans sa conscience de chrétien, qu'il n'a jamais mieux fait.

— *Posso dir in conscienza di christiano quel dessegno di Gandt esser la pia bella cosa che facessi giamai in vita.*

Quand on s'appelle Rubens, on a le droit de parler ainsi.

Il va sans dire que le tableau fut accepté.

Rubens a écrit plusieurs ouvrages dont nous ne citerons que les principaux : 1° *Palazzi di Genova;* 2° *l'Architecture italienne;* 3° *le Traité de la peinture;* 4° *la Théorie de la figure humaine considérée dans ses principes.*

Ses lettres à Peiresc, à Valavez, à Pierre Dupuy, etc., sont pour la plupart des esquisses d'un véritable mérite. Sa plume a souvent la vigueur de son pinceau.

Au résumé, toutes ses lettres sont bonnes à lire ; elles honorent Rubens, le peintre diplomate qui, en littérature comme en art, s'est nourri à la sève antique.

Le musée d'Anvers possède dix-huit tableaux de Rubens. Le plus important est un Calvaire connu sous le titre de *le Coup de lance;* la figure du Christ et celles des deux larrons sont des académies exécutées avec une incomparable habileté. Comme hardiesse, vigueur et charme du coloris, cette œuvre est superbe dans ses moindres détails.

Dans une autre toile, *la Dernière Communion de saint François,* l'artiste attire et retient par une splendeur de tons qu'il n'a lui-même jamais surpassée. C'est surtout saint François qui est superbe ; déjà il est presque un cadavre, son sang se glace, son regard flotte dans une vision d'agonie ; il s'est traîné jusqu'à l'autel pour mourir plus près de son Dieu.

Enfin dans l'*Adoration des mages*, vaste composition qu'il exécuta, dit-on, en quinze jours, on retrouve les incontestables qualités qui empêchèrent toujours de confondre ses œuvres avec celles des plus fameux peintres de l'école flamande.

Rubens paraît avoir eu une prédilection pour l'*Adoration des mages*. Il a traité plusieurs fois ce sujet. Il y en a une au musée de Bruxelles, une à Madrid, une à Lyon, une au Louvre, et d'autres encore ailleurs.

Le musée de Munich possède, parmi d'autres toiles inappréciables, *le Martyre de saint Laurent*, et le grand tableau *la Chûte des réprouvés*. Une des compositions où il a le plus de fougue et de science : *Saint Michel*, armé d'un glaive flamboyant, refoule dans les enfers la cohorte des condamnés qui retombent aux régions basses où les attendent des supplices éternels (1). Il existe un exemplaire de ce tableau en plus petite dimension, qui, au dire des connaisseurs, est encore supérieur à celui de Munich. Il a été tout récemment donné par son propriétaire au musée d'Aix-la-Chapelle, dont il va devenir le plus précieux trésor. La Haye possède *Adam et Ève dans le paradis terrestre,* et Gênes, le *Saint-Jacques opérant des miracles;* c'est un des plus beaux morceaux qu'on puisse voir en Italie.

Enfin en Angleterre, il y a un *Saint-Martin donnant à un pauvre la moitié de son manteau.*

Nous ne parlerons pas des nombreuses toiles que possède Paris ; on peut aller les admirer tous les jours dans les galeries du Louvre (2).

(1) Ce tableau a appartenu au cardinal de Richelieu et ensuite au duc de Richelieu, son héritier, dans la galerie duquel il se trouvait encore en 1681.

(2) On n'estime pas à moins de 1300 les tableaux de Rubens répandus aujourd'hui dans le monde entier.

EXTRAITS

DE LA

CORRESPONDANCE INTIME DE PIERRE-PAUL RUBENS

TRADUITE D'APRÈS SES AUTOGRAPHES

Lettre de Rubens à Peiresc

Au retour de son second voyage à Paris.

Anvers, 12 juin 1625.

MONSIEUR,

Je vous supplie de me pardonner la brièveté de cette lettre, que je ne puis écrire aussi soigneusement que je le voudrais, au milieu du concours de visites et de félicitations de mes parents et de mes amis. Vous saurez seulement que je suis arrivé la nuit dernière, mercredi, à Bruxelles, avec les plus grandes difficultés.

Aux environs de Paris, nous n'avons plus trouvé de chevaux, de sorte qu'il nous a fallu continuer quatre postes, avec de pauvres bêtes à moitié mortes, que nous dûmes trois fois laisser aller seules en avant, et que les postillons, à pied, chassaient devant eux comme des muletiers.

Nous triomphâmes cependant de ces difficultés et de ces obtacles ; mais à notre arrivée à Bruxelles, je trouvai que la sérénissime infante (l'archiduchesse Isabelle) était partie pour aller visiter le camp de Bréda avant qu'on démolisse les fortifications.

J'espérais la rejoindre à Anvers afin de l'accompagner, mais lorsque j'arrivai jeudi à midi, il se trouva qu'elle était partie le jour même à six heures du matin, ce qui me contraria fort.

On pense que Son Altesse reviendra dans trois ou quatre jours, son voyage n'ayant été entrepris qu'à la demande de l'armée, et pour animer les troupes et les récompenser de leurs fatigues, en leur faisant distribuer une double paie et d'autres largesses, à chacun suivant son mérite.

Je vous prie, Monsieur, de baiser les mains de M. Aleandre pour moi avec une vive affection, ainsi qu'au très noble cavalier del Pozzo, à M. Doni et à toutes les personnes qui vous paraîtront prendre intérêt à ma santé ; et, pour finir, je vous baise les mains à vous même, de tout mon cœur, et me recommande à votre bonne grâce.

Extrait d'une lettre de Rubens à Valavès, à Paris.

Bruxelles, 19 septembre 1625.

MONSIEUR,

A mon retour de Dunkerque, j'ai trouvé deux de vos lettres, du 20 août et du 14 septembre, qui m'ont été fort agréables ; la dernière était accompagnée en outre d'une lettre du très noble et très savant sieur Aléandre. Vous avez sans doute déjà reçu celle que je vous ai adressée il y a quelques jours de Dunkerque par Calais. Je vous prierai, cette fois, d'excuser ma brièveté, car je vous écris le pied dans l'étrier, la sérénissime infante m'ayant ordonné de me rendre en toute hâte auprès d'un prince, aux confins de l'Allemagne, pour une affaire très pressée ; j'espère donc, avec l'aide de Dieu, être bientôt de retour et avoir un peu plus de loisir pour entretenir comme il faut notre correspondance. . . . .

N'ayant rien d'autre, etc.

P. S. — J'apprends qu'à mon retour d'Allemagne il me faudra me rendre aussitôt à Dunkerque, puis encore autre part, et quoique je doive séjourner à Bruxelles pendant tout l'hiver, je pourrai, sans être à Anvers, terminer le petit ouvrage destiné à monsieur votre frère.

Malgré toutes les instances que je lui eusse faites, je n'avais pu obtenir de lui l'assurance qu'il accepterait un petit souvenir de ma main ; je vous suis fort obligé de ce que vous m'avez donné cette certitude, mais la nécessité de ces voyages pour le service de ma souveraine ne souffre pas la moindre exception.

Mes missions une fois terminées, il ne sera plus besoin de m'exciter à remplir mon devoir, j'estime à trop grand honneur de pouvoir faire pour vos seigneuries tout ce qui dépend de moi.

Je n'ai pas eu de lettres de monsieur l'abbé (1) depuis mon départ de Paris.

Je termine contre mon désir, ne pouvant pas différer mon départ, et je vous baise les mains de tout mon cœur, vous priant d'en faire de même de ma part à M. le chevalier del Pozzo.

(1) Claude Maugis, abbé de Saint-Ambroise et aumônier de Marie de Médicis, chargé par cette princesse de correspondre avec Rubens au sujet des tableaux commandés pour sa seconde galerie.

Extrait d'une lettre de Rubens au même, à Paris.

Bruxelles, 15 octobre 1625.

MONSIEUR,

A peine revenu des confins de l'Allemagne, j'ai dû partir aussitôt pour Dunkerque, afin de rendre compte à la sérénissime infante de la négociation que j'ai eu le bonheur de conduire à son gré ; puis, à mon retour à Bruxelles, j'ai trouvé votre aimable lettre de 26 septembre toute remplie de votre courtoisie et de votre politesse accoutumée, puisque vous ne vous contentez point de me marquer votre amitié particulière, mais que vous prenez encore soin que les autres fassent de même, ainsi que le prouve la lettre de l'aimable chevalier del Pozzo qui y est incluse.

Cette lettre m'a été extrêmement agréable, car je désirais avoir une correspondance avec ce personnage, et je ne voyais nul moyen de la commencer. De cette manière vous m'avez fait le pont, et je n'aurai garde de manquer la première occasion favorable pour lui répondre.

Je n'ai pas eu, jusqu'aujourd'hui, d'autres nouvelles de M. l'abbé de Saint-Ambroise que celles que vous m'avez apprises ; sans doute il n'a rien de particulier à m'écrire, mais je pense que cela viendra en son temps.

. . . .

La sérénissime infante et monsieur le marquis sont toujours à Dunkerque, n'ayant d'autre but que de construire et d'armer des vaisseaux. Avant de partir, j'ai vu au port de Mardyck une flotte de vingt et un navires parfaitement appareillés, dont neuf étaient sur le point de mettre à la voile au premier bon vent, ce qui est très dangereux, selon moi, puisqu'ils devront traverser une ligne de trente-deux vaisseaux hollandais qui se tiennent en vue pour les recevoir à coups de canon, et puisque le canal d'Angleterre aussi est, dit-on, couvert de vaisseaux anglais et hollandais, on s'attend de moment en moment à recevoir des nouvelles à ce sujet, mais peut-être en serez-vous informé avant nous par la voie de Calais.

Partant, n'ayant plus qu'à me recommander à votre bonne grâce, etc., etc.

Extrait d'une lettre de Rubens au même, à Paris.

Laeken, 26 décembre 1625.

MONSIEUR,

.... Il doit y avoir du nouveau à la cour en ce qui me concerne, puisque M. l'abbé de Saint-Ambroise ne m'a plus écrit depuis mon départ, et qu'il n'a pas même répondu à ma lettre fort amicale que je lui ai adressée le mois dernier. Je ne puis augurer rien d'autre de son silence, sinon qu'il est survenu quelque changement pour le quart d'heure, ce qui me touche peu; et à vous dire le vrai confidentiellement, toute cette affaire ne me coûtera pas une seconde lettre.

Si cependant vous pouviez adroitement vous informer de quelque chose auprès de l'une des personnes qui peuvent être intervenues dans tout cela (1), vous me feriez un grand plaisir. Au reste, quand je compte les voyages que j'ai faits à Paris, et le temps que j'y ai séjourné sans recevoir la moindre récompense extraordinaire, je trouve que cet ouvrage de la reine-mère m'a été fort préjudiciable. . . . .

Je vous remercie beaucoup de la relation de tous ces duels. On devrait certainement réprimer cette fureur des

(1) Il s'agissait de la commande des tableaux destinés à la seconde galerie du Luxembourg; commande qu'il supposait avoir été donnée à un autre par la reine-mère.

Français qui me paraît être le fléau du royaume et où va s'exterminer la fleur de la noblesse du pays.

C'est contre un ennemi étranger que l'on se bat ici, et le plus brave est celui qui se comporte le mieux au service de son roi.

Quant au reste, nous vivons en paix, et si quelqu'un sort des limites de la modération, il est banni de la cour et détesté de tout le monde, notre sérénissime infante et monsieur le marquis voulant que l'on déclare détestables et déshonorantes toutes querelles particulières.

Ceux qui s'imaginent se faire valoir par ce moyen-là sont exclus de tous les emplois et honneurs militaires ; et c'est, à mon avis, le véritable remède au mal, car toutes ces passions désordonnées n'ont pas d'autre cause que l'ambition et un faux amour de la gloire. . . . . .

Je voudrais bien savoir s'il est vrai, comme on le dit, que la reine d'Angleterre ne soit pas traitée par le roi d'une manière conforme à sa qualité et à son mérite, et qu'elle ait à peine pu obtenir une messe basse pour faire ses dévotions ; s'il est vrai enfin que les catholiques soient traités plus mal que jamais dans ce royaume, au point que les Espagnols s'estiment fort heureux de n'avoir pas ajouté foi aux paroles des Anglais (1). Mais je soupçonne que la passion est pour quelque chose en tout ceci.

Les secrétaires d'Espagne et de Flandre résidant en Angleterre ont été rappelés ; je ne doute point que la guerre ne doive suivre.

Et vraiment, quand je considère les caprices et l'arrogance de Buckingham, j'ai pitié de ce jeune roi qui, sans aucune nécessité et par mauvais conseil, se jette, lui et son peuple, dans une pareille extrémité ; car s'il est facile de commencer la guerre quand on veut, il ne l'est pas autant de la terminer de même.

N'ayant rien d'autre pour le moment, je vous baise les

(1) Allusion au projet qui avait eu lieu de marier le prince de Galles, depuis Charles Ier, avec l'infante d'Espagne.

mains de tout mon cœur, et je vous souhaite une heureuse année à vous et à monsieur votre frère.

Lettre de Rubens au même, à Paris.

Bruxelles, 30 janvier 1626.

Monsieur,

Cette lettre n'a d'autre but que de servir d'accompagnement au petit livre que vous recherchiez et que je me suis enfin procuré par le moyen que je vous ai déjà dit. Il n'y en a qu'un exemplaire, et, à dire vrai, autant que j'ai pu en juger en le parcourant avec rapidité, il me semble que c'est un ouvrage bien infâme et dont l'auteur mériterait, selon moi, d'être châtié, comme je crois qu'il le serait s'il était jamais connu ; car notre sérénissime infante, non plus que ses principaux ministres, ne souffrent la publication de semblables libelles diffamatoires ; aussi ont-elles très peu de vogue dans cette cour.

Je suis pour cette fois occupé de plusieurs affaires qui ne me permettent point d'être trop long, et quand bien même j'aurais plus de loisir, je ne me rappelle point qu'il y ait la moindre nouvelle digne d'être écrite par moi et d'être lue par vous. Je termine donc en vous baisant les mains de tout mon cœur, et en priant le Ciel qu'il vous donne toute prospérité et satisfaction.

Lettre de Rubens au même.

Bruxelles, 12 février 1626.

Monsieur,

Vous m'avez comblé d'étonnement en m'écrivant que monseigneur le cardinal voulait avoir deux tableaux de ma main. Cela ne s'accorde guère avec ce que me rapporte monsieur l'ambassadeur de Flandre ; suivant lui, les peintures de la seconde galerie de la reine seraient commandées à un peintre italien, nonobstant les engagements pris avec moi. Il est vrai qu'il dit seulement avoir entendu dire cela et ne pas en avoir la certitude. On le lui a assuré comme une chose positive, et il suppose que j'y ai donné mon consentement. Je crois que, si vous en aviez su quelque chose, vous me l'auriez fait savoir.

Je termine, etc., etc.

Lettre de Rubens au même.

Bruxelles, 20 février 1626.

MONSIEUR,

J'ai reçu votre aimable lettre du 15 de ce mois, et celle de M. l'abbé de Saint-Ambroise, qui se montre obligeant comme de coutume et aussi bien disposé que jamais envers moi. Sa lettre a pour objet de me faire savoir que monseigneur le cardinal, ainsi que vous me l'avez écrit dernièrement, voudrait deux tableaux de ma main pour son cabinet. Quant à la galerie, monsieur l'abbé me dit que la reine-mère s'excuse de n'avoir eu jusqu'ici ni le temps ni le loisir de penser aux sujets. Il ajoute que, la galerie étant encore peu avancée, cela se fera en son temps. Je suis donc forcé de croire qu'il n'y avait rien de vrai dans tout ce que monsieur l'ambassadeur de Flandre m'a écrit à ce propos, comme je vous l'ai dit par le passé. . . . .

On n'a pas appris volontiers ici la paix conclue entre le roi et les Huguenots, et on redoute une rupture générale entre la France et l'Espagne, ce qui serait un incendie peu facile à éteindre.

Assurément il vaudrait mieux que ces jeunes gens qu gouvernent aujourd'hui le monde se contentassent d'entretenir ensemble une correspondance amicale, au lieu de troubler toute la chrétienté par leurs caprices; mais il faut croire que tels sont les arrêts du Ciel, et l'on doit s'en reposer sur la volonté divine.

En terminant, je vous baise les mains de tout mon cœur, et me recommande à votre bonne grâce.

Lettre de Rubens au même.

Anvers, 26 février 1626.

Monsieur,

Les lettres dont vous ne cessez de me gratifier et les nouvelles particulières que vous me donnez sur tout ce qui se passe à la cour, me sont extrêmement agréables. Vous avez pu voir, par ma dernière lettre, que je suis parfaitement content de M. l'abbé de Saint-Ambroise. Sa lettre que vous m'avez transmise et à laquelle j'ai répondu par le courrier de la semaine passée, m'a fait connaître qu'il avait toujours pour moi la même obligeance et la même affection. Je ne doute point que le bruit qu'on a répandu touchant la galerie ne soit mensonger, puisque monseigneur le cardinal m'emploie à son service particulier, ce qu'il ne ferait point s'il était survenu un changement si important dans une affaire que S. S. a traitée et conclue personnellement avec moi. Mais ce n'est pas la première fois qu'on fait des rapports sans fondement à monsieur l'ambassadeur.

Je regrette de n'avoir aucune nouvelle à vous faire connaître. Le dimanche du carnaval, un grand nombre de seigneurs de la cour ont couru la bague et contre le Sarrasin, pour fêter la naissance de la fille du roi d'Espagne. Les livrées et les costumes des cavaliers étaient fort beaux; mais ils ont couru sans adresse et avec très peu d'habitude. Le marquis de Campo Lataro et dom

Pedro de Braccamente furent les tenants d'armes, mais ils n'eurent pas le prix de la joute.

Notre sérénissime infante serait au comble de la joie si la grossesse de votre reine continuait, car elle l'aime comme sa propre fille; et vraiment il est à désirer qu'il en soit ainsi pour le pays tout entier, pour la reine et pour le roi en particulier.

Je suis, grâce à Dieu, revenu avant-hier à ma maison à Anvers, d'où je pourrai mieux qu'à Bruxelles vous faire savoir ce qui adviendra de nouveau.

J'apprends avec peine, par les lettres de M. de La Planche, qu'il ne paraît pas qu'on soit disposé à payer le reste de ce qui m'est dû au sujet des cartons de tapisserie que j'ai faits pour le service de Sa Majesté ; M. de Fourcy et M. Katelin ne sont assurément pas hommes de parole. Je voudrais bien savoir si vous croyez que je puisse obtenir quelque chose par la voix de M. l'abbé de Saint-Ambroise et moyennant la faveur de la reine-mère ou de monsieur le cardinal.

Je ne ferai aucune démarche avant d'avoir eu votre avis, s'il vous semble que cela soit praticable.

Il m'est agréable de savoir que la maladie de M. Aléandre s'est convertie en une fièvre tierce; car le nonce m'avait inspiré de la frayeur en me disant qu'il souffrait d'une fièvre continue et qu'il était en danger de mort. J'ai appris de la même personne que M. le chevalier del Pozzo accompagnerait monseigneur le cardinal-légat dans son voyage en Espagne.

En terminant, etc.

Extrait d'une lettre de Rubens au même, à Paris.

Anvers, 2 avril 1626.

MONSIEUR,

.... L'édit contre les duels sera remarquable par le serment de ne point faire de grâce, et, selon moi, il n'y a point d'autre remède à une fureur tellement incorrigible. Je serais charmé d'avoir un exemplaire de cet édit, ainsi que vous me le promettez, etc. . . . . . .

Lettre de Rubens à P. Dupuy, à Paris.

Anvers, 24 avril 1626.

MONSIEUR,

M. de Valavès m'a donné l'assurance que vous daigneriez correspondre avec moi pendant son absence. Ce serait pour moi un heureux dédommagement, pourvu qu'il ne vous occasionnât pas trop de soins, car vous devez être déjà chargé de bien d'autres correspondances; et, si je ne me trompe, cela doit vous prendre un temps considérable d'écrire ainsi à tous les hommes les plus distingués de l'Europe.

Aussi je crains fort d'être accusé d'ambition en vous priant de me mettre au nombre de vos serviteurs et amis. Il faut toutefois l'imputer à M. de Valavès, qui, m'ayant comblé de toutes sortes de faveurs, a voulu y mettre le comble en vous choisissant pour lui succéder auprès de moi sans m'en avertir; je n'aurais certes pas eu la témérité d'espérer un tel bonheur.

Si vous vous décidiez à prendre la peine de correspondre avec moi, vous m'obligeriez de le faire en toute liberté, choisissant l'heure et le jour qui vous arrangeront le mieux, sans vous astreindre le moins du monde, et je vous demanderai la même liberté pour moi, à cause de mes occupations qui ne me permettent pas de satisfaire tous mes désirs ni de répondre à mes amis avec toute la ponctualité que je voudrais et comme il conviendrait à leur qualité et à ma reconnaissance.

Je vous prie donc de vouloir bien supporter avec patience les retards que je pourrai mettre à notre correspondance, ainsi que le peu qu'il m'est possible de vous donner en échange.

C'est, en un mot, un échange de votre or contre du plomb; mais, ainsi que je vous l'ai dit, il faudra mettre cette perte sur le compte du courtier de commerce à qui je reconnais avoir une obligation extrême.

Je finis en vous priant de me rappeler au souvenir de M. de Thou ainsi qu'à celui de monsieur votre frère, etc.

Lettre de Rubens au même, à Paris

A l'occasion de la mort de sa femme.

Anvers, 15 juillet 1626.

Monsieur,

Vous avez raison de me rappeler la nécessité du destin qui ne se plie pas aux caprices de nos passions et qui, comme un effet de la volonté suprême, ne doit pas nous rendre compte de ses décrets. C'est à lui d'ordonner en maître absolu, c'est à nous d'obéir en esclaves, et nous n'avons rien d'autre à faire, à mon avis, que de rendre cet asservissement le moins dur et le plus honorable possible en nous soumettant volontairement.

Au moment où j'écris, c'est un devoir qui me semble

bien pesant et bien insupportable. Votre prudence me dit de compter sur le temps. Peut-être fera-t-il en moi ce que devrait faire la raison ; car je n'ai pas la prétention de parvenir à cette impassibilité stoïque, et je ne crois même pas que des sentiments si bien d'accord avec leur objet soient étrangers à la nature de l'homme, ni qu'il faille voir avec une égale indifférence tout ce qui se passe dans le monde. . . . .

En vérité, j'ai perdu une excellente compagne. On pouvait, que dis-je, on devait même la chérir par raison, car elle n'avait aucun des défauts de son sexe; point d'humeur chagrine, point de ces faiblesses de femme, mais rien que de la bonté et de la délicatesse. Ses vertus la faisaient chérir de tout le monde pendant sa vie; depuis sa mort, elles causent des regrets universels.

Une pareille perte me paraît bien sensible, et puisque le seul remède à tous les maux c'est l'oubli qu'engendre le temps, il faudra sans doute espérer de lui seul mon secours.

Mais qu'il me sera difficile de séparer la douleur que me fait éprouver sa perte du souvenir que je dois garder toute ma vie à cette femme chérie et vénérée.

Un voyage me conviendrait peut-être pour me soustraire à tant d'objets qui renouvellent sans cesse ma douleur.

. . . .

Les tableaux changeants qui s'offrent aux yeux dans un voyage occupent l'imagination et assoupissent les chagrins du cœur. . . . .

Mais, croyez-le, ce serait pour moi une grande consolation que d'avoir le plaisir de vous voir, ainsi que monsieur votre frère, ou de pouvoir faire quelque chose qui pût vous être agréable.

Je suis profondément touché des consolations amicales que vous voulez bien apporter à mes peines, et vous remercie sincèrement de la correspondance que vous me promettez en l'absence de M. de Valavès, etc.

Extrait d'une lettre de Rubens au même.

Anvers, 22 octobre 1626.

MONSIEUR,

Quoique la fièvre m'ait quitté, je me ressens encore un peu de mon indisposition dernière. De même que la mer, après une tempête, ne reprend pas tout à coup sa tranquillité mais conserve encore une certaine agitation tout en se disposant à redevenir paisible, ainsi je me retrouve dans un état intermédiaire, plutôt hors de danger qu'exempt de mal. J'espère que monsieur votre frère aura aussi bientôt recouvré la santé. . . . . . .

Je vous suis bien obligé des minutieux détails que vous me donnez sur la cour, détails très remarquables, surtout en ce qui concerne la grandeur du cardinal. C'est de lui qu'on pourra dire avec raison ce qui arriva de mon temps en Espagne au roi Philippe III. Il donnait audience à un gentilhomme italien, et il le renvoyait au duc de Lerme, dont l'abord était extrêmement difficile.

— Si j'avais pu approcher de la personne du duc, répliqua l'Italien, je ne serais pas venu trouver Votre Majesté.

Tout cela me confirme dans l'opinion que les affaires sont difficiles à traiter dans un pays où un seul homme à toute la puissance et où le roi n'est que pour l'apparence; ou bien on peut dire : *Quod agat magistrum admissionum Cardinalem*. C'est un état qui ne peut pas durer; plaise à Dieu qu'il veuille le changer, et qu'il vous donne, ainsi qu'à monsieur votre frère, santé et satisfaction.

Extrait d'une lettre de Rubens au même.

Anvers, 29 octobre 1626.

MONSIEUR,

J'ai lu avec plus d'attention le poème sur la galerie de Médicis. Il ne m'appartient pas de juger de la beauté des vers; je laisse cela aux personnes qui s'y entendent mieux. La veine m'en a paru généreuse et abondante, et les expressions ainsi que les phrases m'ont semblé rendre toujours clairement la pensée de l'auteur. Si je ne me trompe, il doit être fils ou parent d'un *maistre des requestes* que j'ai vu à Paris. Je regrette seulement que l'exactitude avec laquelle il a expliqué en général les peintures ne se retrouve pas dans certaines parties où le véritable sens lui a échappé. Dans le quatrième tableau, par exemple, il dit : *Mariam commendat Lucina Rheæ*, au lieu de Florence, *quæ tanquam nutrix excipit suam alumnam;* et cette erreur provient de l'analogie qu'il y a entre la manière dont on représente une ville en la couronnant de tours et celle dont on a coutume de peindre Cybèle ou Rhée.

La même cause a produit la même erreur au neuvième tableau, où l'auteur prend également pour Cybèle la ville de Lyon où fut consommé le mariage de la reine. Il a été trompé par la couronne de Tours et par les lions attelés à son char. Mais, pour revenir au quatrième tableau, les figures auxquelles il donne le nom de Zéphirs ou de Cupidons, sont les heures fortunées de la naissance de la reine. Les ailes de papillons le montraient assez, et puis ce sont des femmes.

Quant au jeune homme qui porte la corne d'abondance toute remplie de sceptres et de couronnes, c'est le bon génie de la re ne, et au-dessus se trouve l'ascendant de l'horoscope, le Sagittaire : tout cela m'a semblé plus propre et plus expressif.

Mais ces explications doivent rester et être dites en manière de passe-temps; car, au demeurant, je n'y suis pas intéressé le moins du monde. Ainsi l'on pourrait par-ci par-là relever beaucoup d'autres passages, si l'on voulait tout examiner.

En définitive, le poème est court, et il était impossible de dire tout en aussi peu de mots ; mais que sert à la brièveté de dire une chose au lieu d'une autre.

Je vous remercie des nouvelles de France que vous m'envoyez, et je me réjouis d'apprendre que l'édifice de la reine continue à s'embellir.

M. l'abbé Ambroise doit être bien affairé, puisqu'il ne m'écrit plus, nonobstant toutes les occasions qu'il a de le faire.

N'ayant rien d'autre, etc.

Lettre de Rubens au même.

Bruxelles, 22 janvier 1627.

MONSIEUR,

Cette lettre n'a d'autre but que de vous faire part de mon heureuse arrivée à Bruxelles, non sans peine, toutefois, à cause du mauvais état des chemins et de la lenteur de notre voiture, qui a mis huit jours et demi pour achever ce voyage. Le mal qui m'était survenu au pied m'a accompagné jusqu'à Péronne. Depuis, il s'est affaibli peu à peu, et, en arrivant à Bruxelles, il avait disparu tout à fait. Je m'en trouve aujourd'hui entièrement délivré, grâce à Dieu. Puissé-je, à l'avenir, être à l'abri des familiarités de cet ennemi domestique et l'avoir laissé, pour mon compte, à la frontière de France (1). Je ne vous apprendrai aucune nouvelle, n'ayant pas encore eu le loisir de m'en informer.

Je suis occupé à détruire une calomnie qu'on a pris soin de répandre contre moi. Si l'on en croit mes ennemis, j'aurais fait un voyage en Angleterre; et ils ont si bien enraciné cette idée dans l'esprit de la sérénissime infante et de monsieur le marquis, que ce n'est pas trop de ma présence pour les confondre.

Ce n'est point là, il est vrai, un crime de lèse-majesté; mais on a trouvé peu convenable que je me fusse rendu dans un royaume avec lequel nous sommes en guerre, et que je l'eusse fait sans la permission de notre souveraine maîtresse.

N'ayant rien d'autre, etc.

Extrait d'une lettre de Rubens au même.

Anvers, 20 mai 1627.

Monsieur,

Parmi les différentes nouvelles dont je suis redevable à votre courtoisie ordinaire et à votre ponctualité, un fait m'a semblé surtout digne d'attention. C'est le duel de ces six champions sur la place Royale, sans le moindre respect pour la majesté de ce nom. On dirait plutôt qu'ils ont choisi de préférence ce lieu célèbre pour afficher plus hautement encore le mépris qu'ils font de l'édit du roi. On pensait que Bouteville s'était retiré dans le pays de Liège sans qu'on eût le moindre soupçon de sa fuite.

M. le marquis de Spinola m'a dit plusieurs fois qu'il ne se souvenait pas d'avoir jamais vu un gentilhomme dont la retenue, les manières nobles et les procédés fussent

(1) Cet ennemi domestique était la goutte, dont Rubens était souvent incommodé, et qui fut même la cause de sa mort.

plus de son goût, outre qu'il l'avait trouvé intelligent, judicieux et fort au fait des affaires du monde. J'ai répondu à Son Excellence que sous cette enveloppe se cachait un loup cruel, et qu'il s'en serait aperçu bien certainement s'il avait fait un plus long séjour dans cette cour.

Il est fort étrange qu'ils aient pu se sauver si vite et qu'on n'ait mis la main sur aucun d'entre d'eux à une pareille heure et au milieu de tant de monde rassemblé.

Nous n'avons point ici de ces spectacles là. On n'y estime guère ce genre de bravoure, et si quelqu'un a la prétention d'être courageux, c'est à la guerre et au service du roi qu'il va le prouver. . . . .

Extrait d'une lettre de Rubens au même, à Paris.

Anvers, 1er juillet 1627.

MONSIEUR,

Certainement le roi s'est montré rigoureux exécuteur de la justice en faisant tomber la tête de ce pauvre Bouteville et celle de La Chapelle. Il a désormais fermé la porte à l'espérance du pardon pour tous ceux qui commettront le même crime. Je crains bien cependant que monseigneur le cardinal n'ait ainsi augmenté contre lui-même la jalousie et la haine non seulement des parents, mais encore de presque toute la noblesse du royaume.

Je suis bien désireux de connaître les détails et les circonstances de cette exécution; aussi je vous prie de m'envoyer la relation qu'on en imprimera suivant l'usage.

. . . .

N'ayant rien d'autre, etc.

Lettre de Rubens à Peiresc.

Anvers, 10 mai 1628.

MONSIEUR,

Après vous avoir écrit au sujet de la peinture ancienne des jardins de Vitellius, je me suis mis à les rappeler à mon souvenir du mieux que j'ai pu, et il me semble que je me suis trompé dans ma description, car l'épouse est revêtue d'une très large palla blanche, quelque peu jaune, qui la recouvre de la tête aux pieds; elle est dans une attitude pensive et mélancolique. Le lit nuptial offre quelques ornements. Tout auprès, si je ne me trompe, se tient un peu à l'écart une vieille qui pourrait être une servante; elle a dans la main le *scaphio* avec une petite corbeille, peut-être à l'usage de l'épouse. Et en y pensant davantage, je me rappelle que la plupart des antiquaires de Rome prennent le jeune homme couronné de fleurs pour l'époux qui prête l'oreille aux propos des matrones.

Quant aux trois femmes qui offrent un sacrifice, et dont, si je m'en souviens bien, deux ont sur la tête une couronne à rayons et la troisième une mitre, je n'en sais plus rien de bien positif, sinon qu'elles doivent présider au mariage. Il se pourrait que l'une fut la reine Junon, que je n'ai pourtant jamais vue couronnée de la sorte, et l'autre Lucine, car les rayons indiquent évidemment la lumière, et la lune elle-même emprunte aussi son éclat aux rayons solaires. Voilà tout ce que je peux vous dire confusément de mémoire et après tant d'années; mais si vous me faisiez la faveur de m'en envoyer un dessin, qui, pour bien en juger, devrait être colorié et fait avec soin, je pourrais vous répondre d'une manière plus certaine et plus fondée.

Pour finir, je vous baise les mains de tout mon cœur et me recommande à votre bonne grâce.

Lettre de Rubens à Dupuy.

Londres, 8 août 1629.

MONSIEUR,

Si j'avais, dans ma jeunesse, visité en aussi peu de temps des contrées et des cours si différentes, cela m'aurait été alors bien plus utile qu'à l'âge où je suis. Mon corps serait un peu plus robuste pour endurer les incommodités de la poste, et mon esprit, par l'expérience et la connaissance des peuples les plus divers, aurait pu se rendre capable de plus grandes choses dans l'avenir; au lieu que mon corps consume aujourd'hui ce qui lui reste de forces, et que je n'aurai plus le temps de jouir du fruit de tant de fatigues. Je n'y aurai gagné que de pouvoir mourir plus savant.

Pourtant, je me console en songeant avec délices à toutes les belles choses que j'ai rencontrées sur ma route.

Cette île, par exemple, me semble un théâtre tout à fait digne de la curiosité d'un homme de goût, non seulement à cause de l'agrément du pays et de la beauté de la nation, non seulement à cause de l'apparence extérieure qui m'a paru d'une recherche extrême et qui annonce un peuple riche et heureux au sein de la paix, mais encore par la quantité incroyable d'excellents tableaux, de statues et d'inscriptions antiques qui se trouvent dans cette cour.

Je ne vous parlerai pas des marbres d'Arundel dont vous m'avez donné connaissance le premier; je n'ai rien vu au monde, je le confesse, de plus rare pour ce qui concerne l'antiquité. . . . .

Je compte séjourner ici quelque temps, malgré le désir que j'ai de pouvoir enfin respirer dans ma maison, qui a bien besoin de ma présence; car je ne me suis arrêté à Anvers que trois ou quatre jours en revenant d'Espagne, etc.

Lettre de Rubens à Peiresc.

Anvers, août 1630.

MONSIEUR,

J'ai reçu finalement votre paquet bien désiré avec les dessins très exacts de votre trépied et plusieurs autres curiosités dont je fais le paiement ordinaire par mille actions de grâces.

J'ai donné à M. Gevartius le dessin du Jupiter Pluvius, et je lui ai communiqué également tout le reste, ainsi qu'au très savant M. Wendelin, qui se trouve par hasard à Anvers et qui vint hier me rendre visite avec M. Gevartius.

Je n'ai pas eu cependant, dans les deux jours d'hier et d'aujourd'hui, le temps de lire votre discours sur le trépied, lequel, je n'en doute pas, doit toucher sur cette matière tout ce qui peut se présenter à l'intelligence humaine. Mais je ne veux pas cependant manquer de dire, avec ma témérité ordinaire, mon opinion à ce sujet, étant certain qu'avec votre habituelle candeur vous le prendrez en bonne part.

D'abord, tous les ustensiles qui étaient portés sur trois pieds s'appelaient anciennement trépieds, quoiqu'ils servissent à plusieurs usages, comme tables, sièges, candélabres, marmites ; et, entre autres, les anciens avaient des instruments à mettre sur le feu, les *lebeti* (en français, chaudrons), pour cuire les viandes, dont on fait encore usage aujourd'hui dans divers pays de l'Europe. Ensuite on fit un assemblage du *lebeto* et du trépied, ainsi que nous avons fabriqué nos marmites de fer ou de bronze avec trois pieds. Mais les anciens ont donné à cette composition de très belles proportions, et, à mon avis, c'est là l'ustensile qu'il faut regarder comme le trépied dont parle Homère et d'autres poètes et historiens grecs, et qu'ils employèrent *in re culinaria*, pour cuire les viandes; et, à cause de l'usage que l'on faisait des entrailles dans les sacrifices, on commença de les avoir *inter sacram supellectilem, ad eumdem usum.*

Mais je ne crois pas que le trépied de Delphes fût de ce genre. Je crois plutôt que c'était une espèce de chaise placée sur trois pieds, comme celle dont on se sert encore vulgairement dans toute l'Europe.

Cette chaise n'avait pas de bassin concave, ou s'il était concave pour y conserver intérieurement la dépouille du Python, on le recouvrait par-dessus, et la Pythonisse s'asseyait sur cette couverture qui pouvait avoir quelque petit trou. En effet, il me paraît impossible qu'on pût s'y asseoir jusqu'au fond, à cause de l'incommodité de la profondeur et du tranchant des bords du bassin. Il pouvait se faire encore que, sur ce cratère, on étendît, comme sur un tambour, la peau du serpent Python, qu'on appelait à cause de cela *cortina* et qu'elle fût percée, ainsi que le *lebeto*.

Il est certain qu'on trouve à Rome plusieurs trépieds de marbre qui n'ont aucune concavité, et l'on était aussi dans l'usage, comme vous le verrez par quelques citations, de placer quelquefois sur ces mêmes trépieds des statues dédiées à diverses divinités; ce qui ne pouvait avoir lieu que sur un fond plein et solide.

On peut croire qu'à l'exemple du trépied de Delphes, on en fit usage pour les autres divinités, et que le mot trépied signifiait toute espèce d'oracles et de mystères sacrés, comme on le voit encore chez les auteurs comiques.

Ce qui a plus de rapport à notre affaire et ce qui demande plus d'attention, c'est que les anciens faisaient usage d'une espèce de *riscaldatio* de bronze (ou réchaud en français) pour résister au feu, fait en forme de trépied, dont ils se servaient dans leurs sacrifices, et peut-être aussi dans leurs festins.

Il n'y a pas de doute que ce ne soit le trépied qui est tant de fois cité dans l'*Histoire ecclésiastique* d'Eusèbe et dans d'autres auteurs, et qui servait aux fumigations pour les idoles, comme vous le verrez dans les citations ci-après, et si je ne me trompe encore, après avoir bien examiné la matière de votre trépied, la petitesse et la simplicité du travail, ce doit être un de ceux qui servaient à brûler l'encens dans les sacrifices. Le trou qui est au milieu, servait de soupirail pour mieux allumer les charbons, tous les réchauds ou du moins le plus grand nombre, ayant quelque petit trou pour cet effet ; et autant qu'on peut en juger par le dessin, il parait que le fond du bassin ou cratère est rompu et consommé par le feu.

Voilà tout ce que je peux sur-le-champ vous dire à ce sujet, vous laissant votre pleine et libre autorité de le censurer.

MM. Wendelin et Gevartius ne m'opposent rien de satisfaisant contre mon opinion. Je crois même que peu à peu ils l'adopteront tout à fait. Elle est la moins lourde et la plus remarquable qu'on puisse proposer, *saturnalibus optimo dierum*.

Je trouve bizarre le fragment avec les dieux des Egyptiens et avec le vent ; à mon avis, ce doit avoir été quelque calendrier rustique, pour connaître les fêtes principales et autres mystères des saisons de l'année. Les cercles qui sont autour des têtes des dieux noirs égyptiens, tels qu'on en voit dans la table isiaque, sont dignes de remarque ; mais je trouve surtout infiniment gentilles ces bagues nuptiales si agréablement entrelacées, que Vénus elle-même avec toutes ses grâces ne pourrait rien faire de mieux. Je les regarde comme un trésor impayable.

Votre portrait m'a fait le plus grand plaisir, ainsi qu'à tous ces messieurs qui l'ont vu et qui sont très contents de la ressemblance.

» Quant à moi, je confesse qu'il ne me semble pas

voir briller sur cette figure je ne sais quoi de spirituel, et une certaine emphase dans la physionomie, qui me paraît propre à votre génie et qu'il n'est pas facile à chacun de pouvoir rendre en peinture. »

N'ayant d'autre, etc.

Les lettres précédentes ont été traduites. Celle que nous transcrivons ici, et dont nous conservons l'orthographe, a, par exception, été écrite en français par Rubens.

Lettre de Rubens à P. Dupuy.

Anvers, 1630.

MONSIEUR,

J'ay esté très ayse d'avoir de vos nouvelles, et je vous supplie de croire que le seul respect de ne vous importuner m'a retenu de ne vous prévenir par mes lettres, pour renouveller nostre ancienne correspondance, laquelle j'ay regretté plusieurs fois d'avoir perdu (à mon opinion) par mes voyages d'Espagne et Angleterre, car elle ne m'estait seulement agréable pour vos bons advis, mais, par vostre qualité et réputation, me donnait des atacques d'ambicion, oultre que ce bonheur me venait de part de M. de Peiresc, que j'onore aultant que personnage du monde. J'ay quelquefois de ses nouvelles, par le moyen d'un marchant naguerres venu de Marseille à demeurer en ceste ville. Il n'a jamais perdu son bon goust en matière d'antiquités, par les calamitez publicqs de sa patrie, ains a toujours continué à m'envoyer de ses gentilisses accoustumées, me donnant part de ses observacions et desseyns tirés de quelques pièces antiques, et particulièrement d'un tripos de bronse trouvé en un temple ruineus de Neptune, et plusieurs aultres galanteries.

Je suis bien ayse qu'il est de retour chez soy, après une si longue et ennuyeuse absence.

Mons. de Valavez, son vray frère de nature et courtoysie, m'at honoré aussi quelquefois de ses lettres.

Il me semble que la peste faict sa gyravolte par toute l'Italie; on escrit de Venise qu'elle y faict des grans progrès. Quant à la mort de M. le marquis Spinola, je ne puis dire aultre particularité, sinon qu'elle at esté causée par des travaulx et ennuys, *vires ultra sortemque senectæ*, il semble qu'il estait las de vivre : on a veu une sienne lettre, escritte se portant ancor bien, qui disait : *Espero que N. S. me hara la mercede da cavar, mi vida con este mes de settiembre*, o *antes*.

Il estait fort dégousté, pour les mauvays offices qu'on lui rendoit en Espaigne, et particulièrement Mons. l'abbé Scaglia s'en estoit déclaré partie, et tout exprès allé en Espaigne pour luy faire la guerre et digià auparavant, il n'estait pas bien avec Mons. le conte d'Olivarès.

Cà néantmoins il n'est pas vray qu'on l'at desponglé de ses charges contre son gré avant sa mort, mais bien supposant sa mort, et ayant digià son Ex mesme prévenu, se sentant à l'extrémité à transférer le governement en la personne du marquis de Santa-Cruz.

Son mal estoit un léthargue, du quel ayant esté criu mort le 12 de settembre, il revint; et quant on pensoit être asseurée son escapade, une récidive l'emporta le 25 du mesme moys. Il at, selon qu'on escrit de tout cotez, parachevé ceste guerre avecq sa vie; c'est une marque de la grandeur de son destin et de la puyssance de son génie.

J'ay perdu en sa personne un des plus grans amys et patrons que j'avoys au monde, comme je puis témoigner par une centurie de ses lettres.

Quant à Mons. de Sainct Ambroyse, je vous asseure que je suis son humble serviteur, et que j'estime aultant son amitié et faveur que, me manquant ses bonnes grâces, je feroys mon comte d'avoir perdu ma fortune en France, sans plus penser à l'ouvrage de la royne, mère du roy ou chose quelconque de ce costé là, aussy je confesse luy estre débiteur de tous les bons succès passez, etc.

Et pour le présent, je ne scay pas qu'il y at aulcun différent entre nous, sinon quelque mal entendu touchant les mesures et symmetries de ceste galerie de Henry le Grand.

Je vous supplie d'entendre s'il y a quelque rayson en mon endroiit, me remettant entièrement à vostre jugement.

On m'at envoyé les mesures de tous les tableaux dès le commencement, les accompagnant Monsieur l'abbé de ses lettres fort exactement, selon sa coustume; et m'ayant gouverné selon ses ordres, et fort avansé quelques pièces des plus grandes et importantes, comme le triomphe du roy au fond de la galerie; depuis, le mesme Mons. l'abbé de St. Ambroyse me retranché deux pieds de la haulteur des tableaux, et aussi il hausse tant les frontispices sur les huys et portes, qui percent en quelques endroicts les tableaux, que sans remède je suis contrainct d'estropier, gaster et changer quasi tout ce que j'ay faict.

Je confesse que je l'ay senti fort, et plaint à Mons. l'abbé mesme (nul autre), le priant, pour ne couper la teste au roy assis sur son chariot triomphal, me faire grâce d'un d'un demy-pied, et aussi lui remonstrant l'incommodité de l'accroyssement des portes susdittes.

J'ai dict à la ronde que tant de traverses, au commencement de cet ouvrage, me sembloyent des mauvais augures pour espérer un bon succès, me trouvant abattu de courage, et, à dire la vérité, aulcunement dégousté par ces nouveautez et changemens, à mon grand préjudise et de l'ouvrage mesme, lequel diminuera grandement de splendeur et lustre par ces retranchemens; toutefois, si on les eult ordonnez de la sorte du commencement, on pouvait faire de la nécessité vertu.

Ce non obstant, je suis tout prest pour faire tout ce que me sera possible pour complaire et servir l'abbé, et je vous prye me favoriser de vostre moyen. *Quid enim mali feci?* Je vous en seray redevable de mon très humble service, tout le durant de ma vie, outre l'obligation précédente qui m'a mis au rang de ceulx qui font profession d'estre ce que je suis, etc.

P. S. Je vous prie m'excuser d'avoir pris la hardiesse d'escrire ceste en langue francoyse sans en avoir aucune cognoissance; ce que j'ai faict seulement pour ceste foix, en cas qu'il fust besoing de la communiquer à Mons. de St. Ambroyse.

Monsieur, je vous prie de bayser bien humblement de ma part les mains à Mons. votre frère, etc.

Extrait d'une lettre de Rubens à Peiresc.

Anvers, 16 mars 1636.

Monsieur,

.... J'ai vu avec plaisir la gravure du paysage antique, qui me paraît être un véritable caprice d'artiste et qui ne représente aucun lieu réel. En effet, ces arcades placées les unes au-dessus des autres ne sont ni l'œuvre de la nature, ni celui de l'art, et elles pourraient difficilement se tenir ainsi. Ces petits temples épars sur la cime du rocher n'ont ni un espace suffisant pour les édifices, ni un chemin par lequel puissent monter et descendre les prêtres et les sacrificateurs.

Ce réservoir circulaire ne peut servir, car il ne garde pas les eaux qu'il reçoit du dessus, mais il les rejette dans le bassin commun, et cela par beaucoup d'issues très larges, de façon qu'il verse incomparablement beaucoup plus d'eau qu'il n'en reçoit.

Tout cet ensemble peut, à mon avis, s'appeler un *nym-*

pheum, étant en quelque sorte le confluent de plusieurs sources jaillissantes.

Le petit temple avec trois statues de femmes, pourrait bien être consacré aux Nymphes du lieu, de même que ceux de la montagne le seraient à quelques divinités champêtres, *aut monticolis*.

Ce monument carré est peut-être la tombe d'un héros ; des armes se trouvent suspendues à l'entrée, le dessus en forme de borne est orné de feuillages, et les colonnes ont un chapiteau et des torches. Sur les angles, il y a des corbeilles pour les fruits et les autres présents qu'on offrait aux mânes des héros et aux divinités infernales.

Les chèvres doivent être consacrées, puisqu'elles vont brouter sans pasteur.

Cela paraît être l'ouvrage d'un bon peintre ; mais l'optique n'y est pas soigneusement observée, car les lignes des édifices ne se coupent pas en un point de hauteur égal à l'horizon, et, pour le dire en un mot, toute la perspective est manquée.

On trouve de semblables erreurs dans certains édifices représentés sur les revers des médailles, quoique ces ouvrages soient bien traités pour le reste, et particulièrement dans certains hippodromes, dont la perspective est mal prise.

Quelques bas-reliefs, bien que d'un bon style, ont le même défaut, mais une telle ignorance est plus supportable en sculpture qu'en peinture. Cela me fait conjecturer que malgré les excellents préceptes d'optique donnés par Euclide et par d'autres, cette science n'étant point alors aussi vulgairement connue de tous qu'elle l'est aujourd'hui. Voilà tout ce que je peux vous dire à ce sujet.

Je joins à cette lettre le dessin du casque antique aussi grand que l'original, et le bas-relief de la guerre de Troie, dessiné par un de mes élèves, d'après le marbre même d'Arundel.

Ce morceau étant assurément d'une haute antiquité et les figures n'ayant pas plus de deux pieds, il se trouve un peu rongé par le temps, c'est pourquoi on y remarque peu de perfection dans les visages, etc. . . . . .

Lettre de Rubens à George Geldorp, à Londres.

Anvers, 25 juillet 1637.

Monsieur,

J'ai entre les mains votre honorée lettre du dernier juillet, qui dissipe tous mes doutes ; car je ne pouvais m'imaginer à quelle occasion on avait besoin à Londres d'un tableau d'autel.

Pour ce qui est du temps, il me faudrait un an et demi, afin de pouvoir servir votre ami sans gêne ni incommodité.

Pour ce qui est du sujet, il conviendrait de le choisir d'après la grandeur du tableau ; car il y a des sujets qui se traitent mieux dans un grand espace, et d'autres qui demandent une proportion moyenne ou plus petite.

Si pourtant je pouvais choisir ou désirer un sujet à mon goût relativement à saint Pierre, je prendrais son crucifiement avec les pieds en haut. Il me semble qu'il y a là pour moi de quoi faire quelque chose d'extraordinaire ; du reste je laisse le choix à celui qui en fera les frais, et jusqu'à ce que nous ayons vu quelle sera la grandeur du tableau.

J'ai une grande affection pour la ville de Cologne, où j'ai été élevé jusqu'à l'âge de dix ans ; et bien des fois depuis tant d'années, j'ai eu le désir de la revoir ; cependant, je crains que les difficultés de notre temps, et mes occupations, ne soient encore un obstacle à ce désir et à beaucoup d'autres, etc. (1).

(1) Il ressort de cette dernière lettre que si l'église de Saint-Pierre, à Cologne, a possédé le magnifique tableau de Rubens représentant le prince des apôtres crucifié la tête en bas, elle n'a pas dû cette précieuse toile à la générosité de son auteur, ainsi que le prétend un de ses biographes.

Le même historien raconte, à propos dudit tableau, l'anecdote suivante, dont nous ne garantissons pas l'authenticité et que nous reproduisons ici sous toutes réserves :

« Un touriste, de passage à Cologne, visitait un jour l'église de Saint-Pierre. Arrivé devant le tableau représentant le prince des apôtres crucifié la tête en bas, notre voyageur, qui croyait s'y connaître, le déclarait un chef-d'œuvre inimitable, quand le sacristain, qui lui servait de cicerone, s'étant approché dudit tableau placé sur un chevalet à pivot, le fit tourner sur lui-même, en disant à notre touriste stupéfié : — Maintenant que vous avez admiré la copie, je vais vous faire voir l'original. »

Pour rehausser, par la comparaison, la valeur du chef-d'œuvre que son église possédait, le chapitre de Saint-Pierre employait alors cet ingénieux moyen. Il avait fait copier par un artiste de la localité le tableau de Rubens, et on avait collé ladite toile dos à dos avec l'original qu'on ne montrait qu'en dernier.

VAN DYCK

VAN DYCK

1599-1641

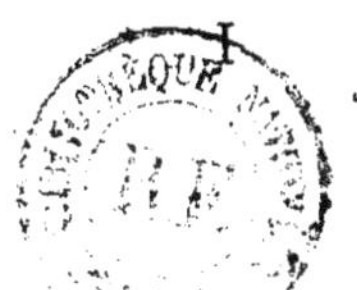

Au commencement du xviie siècle, Anvers pouvait à juste titre s'enorgueillir de sa prospérité commerciale, car l'Europe entière lui était tributaire ; mais si la vieille cité flamande se montrait fière de ses richesses, de ses canaux, de ses ponts, des superbes édifices que surmontait sa cathédrale, haute de plus de quatre cents pieds, elle allait bientôt pouvoir revendiquer une autre gloire, celle d'avoir donné le jour à un grand artiste, au célèbre Van Dyck, dont la réputation devait plus tard égaler si non surpasser celle de Rubens, son illustre maître.

La famille d'Antoine Van Dyck, originaire de Bois-le-Duc, habitait la ville d'Anvers depuis plusieurs générations. Son aïeul était peintre-verrier, son père François Van Dyck tenait un magasin de toiles et exerçait son commerce dans une modeste maison située près de l'Hôtel de Ville, ayant pour enseigne, *la Danse des Ours* (den Beerendans).

François Van Dyck s'était marié deux fois. Marie Camperis, sa première femme, ne lui avait pas donné d'héritiers, Marie Cuipers, sa seconde épouse, mit au monde douze enfants.

Antoine Van Dyck fut le septième. Il naquit le 22 mars 1599.

L'intérieur de cette nombreuse famille était tranquille et honnête. François Van Dyck, d'une honorabilité bien connue dans sa ville, parvint aux fonctions réservées d'ordinaire aux membres les plus recommandables de la bourgeoisie, et, tout en s'occupant de son négoce, remplit pendant de longues années, l'office de directeur de la chapelle du Saint-Sacrement dans la Cathédrale.

L'aînée des cinq sœurs d'Antoine, épousa un notaire d'Anvers, et les quatre autres embrassèrent de bonne heure la vie religieuse.

Cornélie, Suzanne et Elisabeth entrèrent au béguinage de leur ville natale ; Anne, la plus jeune au couvent des chanoinesses régulières de l'ordre de Saint-Augustin, à Westmunster en Flandre.

Des frères d'Antoine, on en parle peu ; cependant la mémoire de celui qui avait nom Théodore, mérite d'être conservée. A vingt ans il faisait profession dans l'ordre des Prémontrés ; devenu plus tard professeur de théologie et ensuite curé de la paroisse de Menderhout, il passa dans cette localité les vingt-huit dernières années de sa vie et mourut le 25 février 1668.

On voit par ce qui précède dans quel milieu Antoine Van Dyck passa la première partie de son existence, et ce n'est pas à ce père, absorbé par des pratiques religieuses et par les devoirs d'une vie étroite et monotone, que notre héros dut les premières leçons qui laissent chez les enfants des traces ineffaçables.

Cependant, tous les biographes s'accordent à dire, qu'Antoine donna de bonne heure des signes non équivoques d'une nature merveilleusement douée.

Qui sut donc éveiller dans cette intelligence naissante les premières aspirations vers l'idéal? Son grand-père peut-être, cet habile peintre-verrier dont il entendit souvent vanter le talent; peut-être anssi sa mère, qui excellait à reproduire avec la soie des fleurs, des oiseaux et même des personnages. L'exemple de Marie Cuipers était bien capable d'exercer une certaine influence sur les dispositions naturelles de son jeune fils.

Toujours est-il, que dans le commencement de l'année 1610, trois ans environ après la mort de sa mère, Antoine Van Dyck poussé par une vocation irrésistible, entrait comme apprenti dans l'atelier d'Henri Van Balen.

Cet artiste, qui, à cette époque, passait pour un des meilleurs peintres de son temps, ne se doutait guère que son élève le dépasserait un jour.

II

Pendant que le jeune Antoine se livrait avec ardeur au travail et faisait de rapides progrès, la réputation de Rubens se répandait dans les Flandres; déjà de toutes parts des jeunes gens, jaloux de profiter des leçons d'un si grand maître, affluaient dans son atelier, mais il ne lui était pas possible de les admettre tous. Aussi écrivait-il à la date du 11 mai 1611 au graveur Jacques de Brie :

« Je puis vous dire en toute vérité, sans la moindre hyperbole, que j'ai déjà renvoyé plus de cent élèves dont quelques uns sont mes parents ou ceux de ma femme, et que j'ai mécontenté un grand nombre de mes meilleurs amis. »

C'était pourtant dans cet atelier inaccessible qu'Antoine avait résolu d'entrer, car il comprenait que bientôt il n'aurait plus rien à apprendre chez son premier maître.

Le succès devait couronner son audacieuse prétention; Rubens savait distinguer parmi ceux qui se présentaient à son examen, ceux qui montraient de sérieuses dispositions, il reconnut facilement les dons naturels que possédait le petit-fils du peintre-verrier et il le reçut chez lui sans difficulté.

Rubens avait l'habitude de confier à ses meilleurs élèves l'ébauche de ses tableaux, se réservant d'y mettre la dernière main; ce procédé expéditif lui permettait de satisfaire à de nombreuses commandes, et ceux qui travaillaient sous ses yeux y trouvaient aussi leur compte. Antoine passa plusieurs années à une école qui devait l'initier aux moyens employés par son maître pour arriver à une merveilleuse exécution. Il apprit de ce grand artiste à esquisser légèrement ses fonds, à couvrir les parties sombres d'une couche vaporeuse pour leur conserver la transparence et la profondeur, tandis que les parties lumineuses s'enlevaient par de vigoureux empatements.

Pendant le séjour qu'il fit chez son second maître il arriva au fils de Marie Cuipers une singulière aventure, elle est racontée tout au long par le graveur Edelinck, qui la recueillit à Anvers dans son enfance.

Si elle diffère quelque peu du récit qu'en ont fait certains biographes, c'est que ces historiens fantaisistes ne se sont pas donné la peine de recourir aux véritables sources.

Après avoir travaillé une partie de la journée, Rubens avait coutume d'aller faire de longues promenades monté sur un des beaux chevaux entretenus dans ses écuries, et qui à l'occasion lui servaient de modèles.

Un jour ses élèves, l'ayant vu se diriger du côté de l'Escaut, profitèrent de son absence pour obtenir de Valveken, son vieux serviteur, l'autorisation de pénétrer dans la pièce où le maître travaillait toujours seul.

Il s'y trouvait un grand tableau à moitié terminé.

A peine la porte leur fut-elle ouverte que les jeunes indiscrets se précipitèrent dans le sanctuaire. Dans leur empressement à satisfaire une coupable curiosité, ils s'approchèrent trop près de la toile et Diepenbeke, l'un d'eux, poussé par ses camarades, effaça avec sa manche un morceau de la peinture encore fraîche.

Le tableau représentait *la Vierge adorée par les saints* et c'était le torse de saint Sébastien qui venait d'être sérieusement endommagé.

— Grand Dieu ! qu'avons-nous fait ? s'écrièrent tous à la fois nos jeunes étourdis.

— C'en est fait de nous ! fit Jordaens.

— Nous sommes perdus, murmura Gaspard de Crayer, nous allons tous être honteusement mis à la porte.

— Rassurez-vous, dit à son tour Van Dyck, je me charge de réparer le mal que nous venons de faire.

— Toi ? hasarda Diepenbeke, qui était plus mort que vif.

— Oui moi.... J'ai étudié sous Henri Van Balen et je saurai m'inspirer de ses conseils, seulement laissez-moi seul, retournez dans l'atelier, et Dieu veuille que j'aie le temps de terminer la tâche que je vais entreprendre.

Dès que ses camarades se furent retirés, Van Dyck saisit la palette et les pinceaux du maître et se mit courageusement à l'œuvre.

Deux heures plus tard, juste au moment où Rubens mettait pied à terre devant la porte de sa maison, l'accident arrivé au torse de saint Sébastien était habilement réparé.

On avait espéré que le maître ne s'apercevrait de rien, mais du premier coup d'œil, l'artiste avait pu constater qu'une main étrangère s'était servie de ses pinceaux ; de sa palette, qui avait changé de place ; ses yeux se portèrent sur son tableau, il en embrassa l'ensemble et parut d'abord fort satisfait de son travail, mais après l'avoir regardé plus attentivement.... Il rougit, pâlit, entra dans une violente colère et courut à son atelier.

— Qui a osé pénétrer dans mon cabinet? s'écria-t-il.

Et comme chacun gardait le silence.

— Ne cherchez pas à dissimuler votre faute, ajouta-t-il d'une voix sévère, vous ne feriez que l'aggraver.... Non seulement quelqu'un a pénétré dans mon cabinet, mais on a essayé de réparer le mal qu'on avait fait à mon tableau.... Répondez franchement.... Quel est celui d'entre vous qui a enfreint mes ordres?

— Tous... tous..., répondirent vingt voix à la fois.

— Oui.... Mais vous n'avez pas tous travaillé à réparer le dommage. Qui donc s'est permis?

— C'est moi, maître, dit respectueusement l'ancien élève de Van Balen.

Rubens fixa sur le jeune homme un regard pénétrant, garda pendant quelques instants le silence... puis, au grand étonnement de tous, il lui tendit la main, en souriant, et le complimenta sur la manière dont il s'était acquitté de son travail.

III

L'atelier de Rubens rassemblait à cette époque non seulement des jeunes gens à leurs débuts, mais aussi des peintres ayant déjà fait leurs preuves.

Nous n'en citerons que quelques-uns, Jordaens et Gaspard de Crayer, déjà nommés, tous deux un peu plus âgés que Van Dyck, François Snyders, Erasme Quelling, Théodore Van Thulden, Juste Van Egmont, Pierre Van Mol, les uns du même âge que Van Dyck, les autres plus jeunes que lui.

Cette vie en commun, ces relations de chaque jour avec les intelligences les plus déliées, durent singulièrement développer les facultés natives de cette pléïade d'artistes qui illustèrent les Pays-Bas pendant le XVIIe siècle.

La figure avenante d'Antoine, ses manières courtoises et, surtout, son assiduité au travail, lui avaient gagné toutes les sympathies de Rubens, aussi la plus franche amitié ne tarda pas à rapprocher le maître et l'élève. Mais ils devaient bientôt se séparer. Car, le moment était venu pour notre héros de mettre à profit les leçons de l'éminent artiste qui l'avait pris sous sa protection.

Il y avait déjà sept ans qu'Antoine fréquentait l'atelier du grand peintre flamand, quand il sollicita et obtint son admission dans la Gilde de Saint-Luc.

Il paya le droit de réception dans le courant de l'année 1618. Soit 26 florins le 8 février et 15 florins le 17 juillet.

Désormais, il avait le droit d'exercer la peinture pour son propre compte, sans crainte d'être inquiété. Il ne lui restait plus qu'à rencontrer l'occasion de se signaler, et elle ne devait pas se faire attendre.

Pendant les dernières années passées dans l'atelier de son second maître, Antoine avait déjà acquis une certaine réputation d'habilité.

On en trouve la preuve dans un traité passé le 29 mars 1620 entre Pierre-Paul Rubens et le Père Tirinus, supérieur de la maison professe de la Société de Jésus; le nom de Van Dyck y apparait deux fois.

L'article 2 de ce traité, retrouvé au siècle dernier par un savant bibliophile, renferme la clause suivante :

« Le sieur Rubens sera obligé de faire de sa propre main les dessins et esquisses en petit de ces 39 morceaux, et de les faire exécuter en grand par Van Dyck. »

Le septième et dernier paragraphe est encore plus honorable pour l'ancien élève de Rubens.

« Le père supérieur s'accordera en temps et lieux opportuns avec le susdit sieur Van Dyck pour un des tableaux des quatre petits autels de la susdite église. »

Il ressort en outre de certains documents recueillis par des biographes, aujourd'hui oubliés, que Van Dyck, avant d'entreprendre les voyages que nous aurons à décrire, travailla avec son maître à plusieurs grands tableaux traitants de l'histoire de la Compagnie de Jésus; entre autres, à ceux qui représentent Saint Ignace de Loyola délivrant les possédés, et Saint François Xavier opérant des miracles dans les Indes.

IV

Il y avait à cette époque, en Angleterre, un riche seigneur ayant le goût le plus vif et le plus élevé pour les productions artistiques;

Lord Arundel achetait, partout et de toutes mains, les œuvres les plus remarquables, antiques et modernes.

Un de ses émissaires chargé de faire à Rubens d'importantes commandes lui écrivait un jour.

« Van Dyck dont vous me parlez dans votre dernière lettre est un jeune homme de 20 à 22 ans, et ses ouvrages commencent à être aussi estimés que ceux de son maître; il appartient à une honorable famille d'Anvers et il serait, je crois, fort difficile de le décider à quitter son pays où il a déjà de nombreuses relations, pour se fixer en Angleterre où il ne connaît personne. »

Cette opinion de son correspondant ne découragea pas lord Arundel, ce seigneur, qui avait deviné le génie et la gloire future du jeune peintre flamand, sut mettre tout en œuvre pour attirer Van Dyck à la cour de Sa Majesté britannique Jacques Ier, et, dans le courant de l'année 1629, pendant un voyage que Rubens fit à La Haye, où l'avait envoyé l'archiduchesse Isabelle, sa souveraine, cédant aux pressantes sollicitations qui lui étaient faites, Van Dyck se décida à passer le détroit.

Une lettre du 25 novembre 1620, adressée d'Anvers par Toby Mathew à lord Dudley Carleton, fait mention de ce premier voyage, de cette escapade d'un écolier en vacances, dont on a contesté l'authenticité.

« Votre Seigneurie a sans doute été informée, dit la missive, que Van Dyck, le fameux élève de Rubens, est parti pour l'Angleterre, et que Sa Majesté britannique pour l'engager à rester dans ses Etats lui a donné une pension de cent livres par an. »

Van Dyck, il faut le croire, ne songeait guère alors à abandonner sa terre natale pour aller vivre à l'étranger, comme il devait le faire plus tard, car il ne prolongea pas son séjour à Londres et, dès le 28 février de l'année suivante, on le vit de nouveau traverser la mer pour rentrer à Anvers, où l'attendait son maître dont l'absence n'avait pas duré aussi longtemps que la sienne.

V

On a prétendu que Rubens avait conçu de la jalousie contre Van Dyck et lui avait conseillé d'abandonner les sujets historiques pour s'en tenir aux portraits ; la vérité est qu'Antoine, craignant de ne jamais égaler Rubens dans les tableaux religieux, lui demanda un jour s'il ne devait pas se contenter de peindre des portraits, et que, loin de l'engager à négliger les tableaux d'histoire, celui-ci le pressa de partir pour l'Italie.

« Là, seulement, lui répétait-il chaque jour, vous pourrez perfectionner votre talent ; que de reproches j'aurais à me faire aujourd'hui si dans ma jeunesse j'avais négligé d'aller étudier les grands maîtres sur la terre classique des arts. »

Puis se reportant par la pensée à Naples, à Venise, à Florence et à Rome, devant les toiles incomparables du Titien, du Tintoret, de Léonard de Vinci, de Paul Veronèse, il se plaisait à faire apparaître aux yeux de son élève favori l'éblouissant mirage des villes privilégiées dans lesquelles, autrefois, il lui avait été donné d'admirer tant de chefs-d'œuvre.

Van Dyck se décida enfin à se mettre en route, mais avant de quitter son maître, voulant lui laisser un gage de sa gratitude et de son éternelle reconnaissance, il lui offrit un grand tableau qu'il avait peint à son intention ; il représentait le Christ au jardin des Oliviers.

Voici comment l'historien Guiffrey (1) dans sa savante étude sur Van Dyck, décrit cette importante toile.

« Par une sombre nuit, sous les lueurs sanglantes des fanaux, Judas donne à Jésus le baiser qui le désigne aux soldats venus pour l'arrêter. Voici la troupe des soudards qui se rue sur la victime, tandis que saint Pierre tente une résistance inutile.

Et le même écrivain ajoute :

« A défaut de l'expression religieuse qui manque, le sentiment dramatique atteint, dans l'œuvre de Van Dyck, une puissance saisissante. »

On constate, en effet, dans ce tableau, comme dans tous ceux que l'artiste peignit avant son premier voyage en Italie, une certaine préoccupation scénique cherchant avant tout à émouvoir le spectateur et dépassant souvent le but qu'il se proposait d'atteindre.

(1) *Van Dyck*, par Jules Guiffrey, 1 vol. in-folio, imprimé chez Quentin.

VI

Parti d'Anvers sur un magnifique cheval blanc que lui avait donné Rubens, notre jeune artiste devait voyager à petites journées, et avait promis à son père de lui donner souvent de ses nouvelles. Cependant trois mois se passèrent sans qu'on entendît parler de lui.

Surpris de ce long silence, François Van Dyck vint trouver Rubens pour lui demander s'il savait ce que son fils était devenu.

Rubens partageait les inquiétudes du vieux marchand de toiles; depuis son départ, Antoine ne lui avait pas donné signe de vie, et ce fut par Jordaens qui avait fait la conduite à son camarade pendant une dizaine de lieues qu'on apprit enfin la vérité.

Jordaens était en correspondance avec son ami, et il connaissait le motif qui l'empêchait de continuer sa route.

Voici en quelques lignes le récit de l'aventure, dont Rubens, parti à la poursuite de Van Dyck, devait précipiter le dénouement.

Après deux ou trois jours de marche, Van Dyck, en compagnie de Jordaens, venait de dépasser les faubourgs de Bruxelles, lorsqu'il se croisa sur la grande route avec deux personnages qui se dirigeaient vers la ville; le chemin en cet endroit était en réparation, et nos jeunes artistes avaient ralenti leur marche pour laisser passer les voyageurs qui venaient en sens inverse.

— Par saint Martin, mon patron, s'écria le plus âgé des deux en s'arrêtant devant Van Dyck, vous avez là, jeune homme, un bien beau cheval.

— En effet, répliqua Antoine, flatté du compliment adressé à sa monture, mais mon cheval est aussi bon qu'il est beau.... C'est un cadeau de mon maître.

— Votre maître, fit le second voyageur qui n'avait pas encore ouvert la bouche, vous êtes donc des domestiques?

— Pas précisément, répondit en souriant le jeune homme.

— Nous sommes des élèves du grand Rubens, riposta vivement Jordaens, blessé dans son amour-propre d'artiste d'avoir été pris pour un laquais, et mon camarade que je vais quitter ici, part pour l'Italie.

— Mais alors vous êtes peintre, dit à Van Dyck le personnage qui avait admiré son cheval.

— J'ai cette prétention.

— Comme cela se trouve à propos.

— Nous qui nous rendions à Bruxelles pour tâcher d'en découvrir un.... Puisque vous êtes de la partie, nous pourrons peut-être régler l'affaire ici même.

— Quelle affaire? auriez-vous par hasard besoin de mes services?

— Vous l'avez dit, jeune homme.

— Je me nomme Van Ophem et je suis bourgmestre de Saventhem, petit village qui se trouve à une lieue d'ici. Nous avons besoin d'un tableau pour le maître-autel de notre église, les fonds sont prêts, mon compagnon, trésorier de la fabrique, peut vous l'attester.

— J'ai les florins en caisse.

— Il s'agit de peindre une Sainte-Famille, et si vous vous sentez capable d'entreprendre une pareille besogne....

— Parbleu? s'écria Jordaens, sans laisser à son ami le temps de répondre, ne vous ai-je pas dit que nous étions des élèves de Rubens.... Allez-y de confiance, mes braves gens, ce garçon-là, je vous le garantis, vous en donnera pour votre argent.

Cette assurance parut satisfaire les deux compagnons ; le marché fut conclu sur-le-champ, et Van Dyck, après avoir fait ses adieux à son camarade et promis de lui écrire, se dirigea avec ses nouvelles connaissances vers le village de Saventhem.

Van Ophem était enchanté d'avoir mis si facilement la main sur un artiste, et Van Dyck ravi de trouver une commande au début de son voyage.

Le soir même, notre jeune homme fut installé dans la maison du bourgmestre, qui commença par le régaler d'une façon splendide, en lui faisant partager un souper auquel, par parenthèse, assistait une jeune personne d'une ravissante beauté.

Isabelle Van Ophem, fille unique de Martin Van Ophem, et orpheline de mère, avait à cette époque un peu moins de vingt ans et réalisait le plus gracieux modèle qu'on put désirer pour la figure de la Vierge Marie.

Van Dyck, tout naturellement sollicita la permission de reproduire sur le tableau qu'il allait entreprendre le charmant visage de la fille de son hôte.

Le père d'Isabelle accorda imprudemment au jeune homme la permission demandée et cela, malgré la répugnance qu'éprouvait sa fille à poser devant un étranger.

— Sais-tu, mon enfant, lui disait-il pour la décider à faire acte de complaisance, que tu devrais être fière de l'honneur qu'on veut te faire... et puis, considère donc que c'est pour le service de l'église. »

A de pareilles raisons, il n'y avait rien à répondre, et Isabelle dut obéir à son père.

Van Dyck se mit sur-le-champ au travail, mais il passa plus de deux mois à peindre un tableau qu'il aurait pu terminer en quinze jours ; la tête de la Vierge ne lui paraissait jamais assez belle et il la recommençait sans cesse.

Il fallut pourtant en finir ; les habitants de Saventhem

s'impatientaient et réclamaient chaque jour la Sainte-Famille qui leur était promise, et Van Dyck se vit forcé d'interrompre des séances qu'il eût bien voulu prolonger indéfiniment, car, on l'a sans doute deviné, le peintre s'était épris de son modèle, et, de son côté, la jeune Isabelle n'était pás insensible à la bonne grâce et à la noble figure de l'artiste avec lequel elle se trouvait si souvent en tête à tête.

Cependant le vieux bourgmestre était loin de se douter de ce qui se passait sous son toit, et il fut bien étonné quand celui qu'il avait rencontré sur la grande route, lui demánda la main de sa fille.

Van Ophem se serait peut être laissé attendrir par les prières des deux amoureux, mais encouragé par Rubens, arrivé chez lui à l'improviste, il opposa un refus formel aux prétentions de l'artiste qui voulait devenir son gendre, sous prétexte qu'il était trop jeune et avait encore sa fortune à faire.

VII

Rubens, nous l'avons dit, s'était empressé de courir sur les traces de son élève; justement inquiet des conséquences fâcheuses que pouvait avoir pour l'avenir d'Antoine une inclination qui n'était plus pour lui un mystère; il voulait à tout prix l'arracher au danger qui le menaçait; il savait que si l'amour est quelquefois favorable au talent, il lui est plus souvent contraire, et grâce à l'empire qu'il exerçait alors sur son jeune ami, il parvint à lui faire comprendre qu'il est des sacrifices qu'un véritable artiste doit savoir s'imposer.

Il ne restait plus au pauvre Antoine qu'à se remettre en route, et ce fut le cœur bien gros qu'il quitta Saventhem, accompagné cette fois, du chevalier de Vanni, que Rubens lui avait donné pour guide et qui devait lui servir de Mentor.

Hâtons-nous de dire que les distractions d'un long voyage apportèrent bientôt d'utiles diversions à l'amertume de ses souvenirs et que ce fut la tendre Isabelle qui se consola le moins vite.

Cependant le chagrin n'abrégea pas les jours de la fille du bourgmestre, car elle mourut, dit-on, centenaire après avoir été mariée deux fois.

On ne connait pas au juste le chemin que suivirent Van Dyck et son compagnon de voyage, mais on sait qu'ils traversèrent la France sans s'arrêter à Paris dont les mille séductions n'eurent pas le pouvoir de les retenir, et que le 20 novembre, ils arrivaient à Gênes.

Dans cette ville, la première où ils devaient séjourner, Antoine fut reçu à bras ouverts par deux compatriotes, les frères Thomas et Corneille De Wael, artistes comme lui. Les deux Flamands usèrent de tous les moyens possibles pour engager le fils du vieux marchand de toiles à se fixer près d'eux, leurs instances furent inutiles. Mais, si Van Dyck ne put leur consacrer que quelques semaines, il sut du moins mettre à profit le temps de son séjour dans leur ville.

Il peignit d'abord pour ses deux amis, le portrait de leur père, Jean De Wael, le vieux peintre Anversois, doyen de l'Académie de Saint-Luc, de plus, introduit par le chevalier de Vanni dans les premières familles de Gênes, il laissa dans cette ville de nombreuses traces de son passage, entre autres, l'admirable portrait du marquis Antoine-Jules de Brignole de Salve, représenté de face, monté sur un cheval gris, et celui de Pauline Adorno, sa femme, debout dans une splendide robe de velours bleu à glands d'or, et tenant une fleur rouge dans la main droite.

On peut citer encore le portrait de la marquise Ieronima, peinte en pied et tenant une petite fille par la main ; enfin, deux tableaux très remarquables : *le Christ portant sa croix* et *le Denier de César.*

Beaucoup d'autres toiles dues au pinceau de Van Dyck se trouvent encore aujourd'hui dans différents palais de Gênes, mais elles ne furent pas peintes à la même époque, notre artiste, comme nous le verrons plus tard, étant revenu passer quelque temps dans cette ville où il avait reçu un bienveillant accueil.

Parmi ces différents tableaux, tous d'un incontestable mérite, on compte un *Christ en Croix*, une *Madone*, le portrait équestre d'Agostino Spinola, une *Sainte-Famille*, *Tobie rapportant le poisson miraculeux*, et enfin *Véturie aux pieds de Coriolan.*

En partant de Gênes, Antoine et le chevalier de Vanni, qui devait le quitter à Rome, s'embarquèrent sur un navire à destination de Civita Vecchia, et de ce port où ils ne s'arrêtèrent pas, ils se rendirent directement à la ville éternelle où notre héros avait hâte de contempler les chefs-d'œuvre de l'école italienne et surtout ceux des grands artistes du passé qui, suivant Rubens, devaient l'initier aux mystères de la couleur et de la perfection du dessin.

VIII

Ce fut à Rome que Van Dyck se lia d'amitié avec deux artistes déjà célèbres, le paysagiste Jacques de Brie et le sculpteur François Duquesnoy, dont les conseils eurent une certaine influence sur les progrès qu'il fit à cette époque.

Le premier séjour d'Antoine dans la ville pontificale fut de courte durée, car le chevalier de Vanni le pressait de partir pour Venise en suivant l'itinéraire que lui avait tracé Rubens; or, Florence se trouvait sur sa route et l'école florentine n'était pas à dédaigner. D'ailleurs, Laurent de Médicis, oncle du souverain régnant, le prince Ferdinand II, à peine âgé de douze ans, avait entendu parler du jeune artiste et lui avait fait savoir qu'il comptait sur sa visite.

Laurent de Médicis réservait à Van Dyck, l'accueil le plus flatteur et il se plut à lui faire les honneurs de sa résidence en l'accompagnant dans les différentes galeries où se trouvaient réunis les splendides collections formées par les princes les plus éclairés de l'Italie. Au moment de son départ, en échange de son portrait qu'il lui avait demandé, il lui offrit une bourse contenant cent sequins d'or.

De Florence à Venise, le chemin passait par Bologne, mais Van Dyck ne fit que traverser cette ville, prenant à peine le temps de jeter un coup d'œil sur les œuvres des

Carrache qui firent peu d'impression sur son esprit.

Arrivé enfin à Venise, but principal de son voyage, Antoine se livra avec passion à une étude approfondie des grands maîtres, il copia et recopia plusieurs fois les toiles incomparables du Giorgione, de Paul Véronèse, des Tintoret, et surtout celles de l'immortel Titien, son peintre de prédilection.

Ce fut au milieu de tant de chefs-d'œuvre qu'il modifia complètement sa première manière. « C'est à Venise qu'il apprit l'art d'élever une physionomie individuelle à la hauteur d'un type, en accusant son caractère dominant, ses traits distinctifs. Titien lui enseigna la science des sacrifices, cette science qui atténua les accessoires, les circonstances secondaires, les détails peu importants, pour mettre en relief les parties essentielles de l'œuvre, pour faire valoir dans le portrait le visage et les mains. Au grand coloriste vénitien, il doit encore le goût de ces opulentes draperies qui donnent à une figure de l'ampleur et de la majesté, de ces puissantes colorations, de ces vigoureuses oppositions d'ombre et de lumière qui impriment aux œuvres de l'école vénitienne une grandeur particulière (1). »

Après plusieurs mois de sérieuses études dans les galeries de Venise, Antoine se rendit à Mantoue. Il était curieux de voir les richesses artistiques rassemblées par Vincent de Gonzague et qui allaient passer bientôt en Angleterre pour former le noyau de la magnifique collection que le duc de Buckingham rassemblait à cette époque pour Charles Ier son maître.

Le fils de Vincent de Gonzague, ce prince qui autrefois avait été le maître de Rubens, fit à l'élève du grand artiste un accueil empressé, mais il ne le retint pas longtemps à sa cour, car, au commencement de l'année 1623, nous retrouvons Van Dyck dans la ville des papes.

(1) Jules Guiffrey, *Histoire de Van Dyck.*

IX

Cette fois, Antoine était arrivé à Rome précédé d'une réputation déjà établie, et dès le premier jour il obtint un véritable succès.

Les Italiens ont été de tout temps sensibles, aux avantages extérieurs; aussi la tournure distinguée du jeune Flamand, sa figure noble et gracieuse, comme encore la recherche qu'il apportait dans ses habits lui valurent-ils bientôt le surnom d'*Il pittore Cavalienesco*.

Le premier ouvrage qu'il entreprit dans la ville éternelle fut le portrait du Cardinal Bentiviglio, archevêque de Rhodes et ambassadeur du roi Louis XIII auprès du Saint-Père. Il avait connu ce prélat dans les Flandres alors qu'il occupait le poste de Nonce apostolique, et il avait eu avec lui de fréquentes relations dont il conservait un bon souvenir.

Il peignit ensuite le cardinal Berbérini, devenu pape sous le nom d'Urbain VIII, en 1623. Cette dernière toile, généralement admirée, lui assura la protection du nouveau Pontife et lui procura de nombreuses commandes parmi les notabilités de l'église; mais un pareil succès à ses débuts, devint le prétexte des sourdes jalousies dont Van Dyck devait bientôt être la victime.

La ville de Rome renfermait à cette époque une colonie de jeunes peintres Flamands qui se réunissaient chaque jour dans une taverne située sur la place d'Espagne, à l'enseigne de *la Sirène.* Dès qu'ils apprirent l'arrivée d'un compatriote, ils se rendirent à l'hôtel où il était descendu pour l'inviter à faire partie de leur société.

Antoine remercia d'abord ses confrères de l'honneur qu'ils voulaient bien lui faire, mais au bout de quelques jours il s'aperçut, qu'au lieu de travailler, de se livrer comme il l'avait supposé à l'étude des grands maîtres, ces jeunes gens menaient une vie de fainéantise et de débauches.

Or, Antoine était venu à Rome pour se perfectionner dans son art et non pour perdre son temps, il ne pouvait lui convenir de fréquenter des camarades pour lesquels il n'éprouvait d'ailleurs aucune sympathie. Il évita donc à l'avenir de les rencontrer et ne remit plus les pieds à la taverne de *la Sirène.*

Cette abstention, dont ils devinèrent aisément le motif, exaspéra ses compatriotes, et ils jurèrent de se venger.

A partir de ce moment, Van Dyck ne fut plus suivant eux, qu'un présomptueux qui ne méritait pas sa réputation, et ils critiquèrent si haut sa manière de faire, qu'ils parvinrent à lui enlever la confiance de ceux qui étaient incapables d'apprécier le mérite de ses œuvres; le cardinal Bentiviglio lui-même, subissant l'influence des attaques réitérées dont il était l'objet, se sentit ébranlé dans l'estime qu'il lui portait, et lui témoigna une froideur qui l'affecta vivement.

L'ingratitude de ceux qui d'abord l'avaient pris sous leur protection et qu'il croyait ses amis, jeta le jeune artiste dans un découragement complet, et il se demandait ce qu'il allait devenir si tout le monde l'abandonnait, quand un jour il reçut la visite de son ancien compagnon de voyage, le chevalier de Vanni.

« Mon cher enfant, lui dit ce dernier, je vois d'après ce qui se passe que vous ne pouvez pas prolonger plus longtemps votre séjour à Rome, la médisance et la calomnie vous le rendent trop pénible, et il faut laisser au temps le soin de confondre vos détracteurs. En attendant qu'on vous rende ici la justice que vous méritez, je crois qu'il est à propos que vous changiez de place, et je viens à vous, chargé d'une mission qui va vous prouver le cas que les gens de goût font de votre talent. Son Altesse Royale le prince Philibert de Savoie désire vous voir, il veut vous commander plusieurs tableaux pour la ville de Palerme, et si vous acceptez son invitation, nous partirons ensemble dès demain. »

Tout en se montrant reconnaissant de l'honneur que le prince de Savoie voulait bien lui faire, Van Dyck remercia le marquis de Vanni de son offre obligeante, mais il ajourna son voyage en Sicile à une autre époque sous prétexte qu'il était attendu à Gênes où il avait promis de revenir avant de retourner à Anvers.

X

Mais *l'homme propose et Dieu dispose*, dit le proverbe, et les amis que Van Dyck avait à Gênes ne devaient pas le revoir si promptement. Il fit en route, certaine rencontre, qui, bon gré, mal gré, lui fit changer son itinéraire.

La comtesse Arundel, l'épouse du noble seigneur, qui autrefois avait voulu le retenir en Angleterre, traversait l'Italie ; cette dame qui partageait les goûts de son mari pour les arts, proposa au jeune artiste de lui servir de cavalier jusqu'à Londres où il ne pouvait manquer, disait-elle, d'être accueilli avec distinction.

Van Dyck ne s'engagea pas à suivre aussi loin l'aimable comtesse, mais il ne put refuser de l'accompagner jusqu'à Turin où elle le présenta à la cour de Charles-Emmanuel qui lui demanda son portrait et ceux de ses deux fils, Victor-Amédée et Thomas de Carignan.

Ce fut encore pendant le séjour que Van Dyck fit à Turin, qu'il peignit, pour le musée de cette ville, une Sainte-Famille, la Vierge donnant le sein au Divin Enfant et le portrait de l'archiduchesse Isabelle, Claire Eugénie, la noble protectrice de Rubens.

Cependant les seigneurs gênois dont il avait gagné les sympathies à son premier voyage, le pressaient chaque jour de tenir la promesse qu'il leur avait faite de revenir dans leurs murs; leurs instances le décidèrent à abréger son séjour à Turin.

Il prit donc congé du chef de la maison de Savoie et alla saluer la comtesse Arundel. Celle-ci insista de nouveau pour l'emmener avec elle à Londres, mais il ne se laissa pas séduire par les promesses de la noble dame qui lui assurait, au-delà du détroit, une prompte et brillante fortune, et il reprit le chemin de Gênes où il s'installa de nouveau chez ses bons amis, les frères De Wael.

Ce fut pendant le temps qu'il passa près de ces deux artistes qu'il peignit une partie des tableaux dont nous avons déjà parlé, et, qui lui rapportèrent honneur et profit, car les patriciens de Gênes n'auraient pas cru le payer suffisamment, si à des sommes importantes pour le temps, ils n'avaient pas joint des marques d'estime et de distinction.

XI

Il y avait à peine dix mois que Van Dyck habitait Gênes, quand il se rappela tout à coup la gracieuse invitation que lui avait transmise le chevalier de Vanni de la part du prince Philibert de Savoie, et il annonça à ses amis, son intention de se mettre immédiatement en route pour la Sicile.

En vain Thomas et Corneille De Wael lui firent-ils observer qu'un si brusque départ allait laisser inachevées plusieurs toiles impatiemment attendues. Rien ne peut lui faire changer de résolution, et il se contenta de leur dire :

« Je ne vous dis pas adieu, mais au revoir et à bientôt. »

Van Dyck ne croyait pas dire si vrai. Son absence fut de courte durée car, à peine avait-il eu le temps de visiter en passant les provinces méridionales du beau pays qu'il ne connaissait pas encore, que la peste éclata dans les Etats du prince Emmanuel, et y fit bientôt de grands ravages.

Le fléau sévissait surtout à Palerme où notre artiste n'était arrivé que depuis peu de jours, mais cela ne l'empêcha pas d'entreprendre et de terminer le portrait du prince qui l'avait gracieusement accueilli.

La prudence lui conseillait sans doute de ne pas s'exposer plus longtemps au danger qui le menaçait, car un mois plus tard, on le retrouvait dans l'atelier des frères

De Wael occupé à mettre la dernière main aux tableaux commencés avant son départ pour Palerme.

Parmi ces toiles, se trouvaient les portraits de ses deux hôtes, réunis dans le même cadre. C'était un dernier témoignage d'affection qu'il voulait laisser aux amis qu'il ne devait plus revoir.

Il y avait déjà quatre ans qu'Antoine avait quitté la Flandre et le mal du pays commençait à le tourmenter; d'ailleurs il connaissait maintenant à fond les écoles italiennes, et il comptait, une fois revenu dans sa patrie, mettre à profit les connaissances qu'il avait acquises pendant ses voyages.

Parti de Gênes vers la fin du mois de juin de l'année 1628, notre artiste suivit le littoral de la Méditérranée. Il arriva à Marseille le 4 juillet, et quelques jours plus tard à Aix, où il savait trouver un ancien ami de Rubens, le savant Nicolas-Claude Fabri de Peiresc, pour lequel son ancien maître lui avait donné une lettre de recommandation.

Il reçut dans la maison du dit Peiresc l'hospitalité la plus franche et la plus cordiale, l'ami de Rubens voulut même le retenir chez lui jusqu'à l'hiver, mais notre voyageur avait hâte de revenir dans sa famille et il ne resta qu'une semaine à Aix.

Pour se rendre en Belgique, Antoine était obligé de traverser la France, mais il était heureux de passer par Paris, car il avait entendu parler des merveilleuses compositions que Rubens venait de terminer pour la galerie de Marie de Médicis, et il allait trouver au palais du Luxembourg l'occasion de comparer les œuvres du génie flamand avec les productions des maîtres italiens.

Cette épreuve qui fut tout à l'avantage de son compatriote, fit naître en lui une ambition, qui ne devait, hélas! jamais être satisfaite, celle d'avoir un jour à entreprendre une de ces grandes compositions qui portent à l'apogée la gloire d'un artiste.

XII

De retour à Anvers, Van Dyck voulut se mettre immédiatement à la besogne, car son père, depuis peu décédé, lui avait laissé en mourant une suprême recommandation, celle de peindre un tableau pour le couvent des Sœurs Dominicaines, qui l'avaient soigné à ses derniers moments ; mais le long voyage qu'il venait de faire, avait épuisé les forces de l'artiste. Il tomba sérieusement malade et, croyant qu'il allait mourir à son tour, s'empressa de faire son testament.

Il choisissait, pour sa sépulture, l'église du Béguinage où reposait sa sœur Cornélie, morte le 18 septembre de l'année précédente, puis il instituait pour légataires ses sœurs Suzanne et Elisabeth, à la charge d'assurer la subsistance à la vieille servante de son père qu'il avait recueillie et d'acquitter plusieurs donations pieuses.

Après le décès de Suzanne et d'Elisabeth, sa fortune devait revenir en totalité aux pauvres de l'église Saint-Michel.

Dans ce testament, dont il est permis de contester l'authenticité, car Van Dyck y disposait d'une fortune qu'il ne possédait pas encore, il n'était nullement question de ses frères, ni de sa sœur aînée.

Sa maladie fut de courte durée ; dès qu'il entra en convalescence, jugeant utile de se ménager des protecteurs, il se fit affilier à l'une des nombreuses confréries religieuses instituées dans les Pays-Bas, et il dut bientôt aux Jésuites plusieurs commandes importantes.

Il peignit entre autres tableaux, pour cette puissante société, le Mariage mystique de Sainte Rose avec l'enfant Jésus et celui du bienheureux Herman-Joseph avec la Sainte Vierge.

Dans le courant des années 1628 et 1629, il peignit encore pour différentes églises, le Christ mort, sur les genoux de la Sainte Vierge, adoré par des anges, le martyre de Saint Sébastien et Saint Augustin représenté en extase. Cette dernière toile fut généralement admirée et prouva que ses voyages lui avaient fait faire de véritables progrès.

Malgré l'occupation que lui donnèrent ces différents travaux, Van Dyck n'oublia pas la dette qu'avait contractée son père et qu'il était chargé d'acquitter, seulement il interrompit à plusieurs reprises le sujet qu'il avait à peindre et ce tablean ne fut entièrement terminé que vers la fin de l'année 1629. Il représente le Rédempteur, attaché sur la croix entre Saint Dominique et Sainte Catherine de Sienne, qui embrasse l'instrument de supplice ; doux petits anges planent dans le ciel, et un troisième chérubin, à genoux au pied de la croix, tient dans sa main un flambeau renversé.

Van Dyck excellait déjà dans la reproduction des sujets religieux ; mais il avait pour les portraits une aptitude toute particulière, et dès qu'il avait pourvu aux besoins de ce qu'il appelait *sa cuisine*, il négligeait volontiers les tableaux d'histoire, pour se livrer au genre de peinture pour lequel il avait une prédilection marquée et qui devait plus tard lui assurer la réputation dont il jouit encore aujourd'hui. On a de lui un célèbre portrait qu'il peignit à cette époque, celui du vieux bourgmestre Nicolas Rockox.

« C'était, dit l'historien Guiffrey, entrer en lutte avec le chef incontesté de l'école flamande, car on devait déjà à Rubens une belle figure à mi-corps dudit bourgmestre, un de ses plus anciens amis ; c'était un peu présomptueux de la part d'un de ses élèves, mais Antoine était attaché au vieux Rockox par d'anciennes relations de famille, et Rubens lui-même, qui ne redoutait pas la concurrence, avait encouragé Van Dyck à prendre pour modèle le vénérable vétéran de la cité, alors âgé de soixante dix-neuf ans. »

XIII

Aux ouvrages que nous venons de citer, doivent successivement s'ajouter un grand nombre de toiles plus ou moins célèbres, car les six ou sept années que Van Dyck passa dans son pays après son retour d'Italie peuvent être comptées comme les plus laborieuses de sa vie, et cependant, malgré le travail incessant auquel il se livrait, Van Dyck ne parvenait pas à s'enrichir. Cela du reste, est facile à comprendre : prodigue à l'excès quand il se sentait quelques avances, l'argent qu'il gagnait sortait de sa bourse beaucoup plus vite qu'il n'y entrait, et, quand celle-ci se trouvait vide, il s'en allait crier misère chez ses amis, et se plaindre de la difficulté qu'il éprouvait à vendre ses tableaux.

Une fois même, il eut, dit-on, recours à Rubens, qui pour l'obliger, sans avoir l'air de lui faire une aumône, lui acheta quelques toiles dont il n'avait pas trouvé à se défaire.

On a prétendu, pour expliquer la gêne dans laquelle

Van Dyck se trouvait à Anvers, qu'il avait eu souvent affaire à de mauvais payeurs, et on en a donné pour exemple certaines difficultés survenues entre lui et les Chartreux de la collégiale de Courtrai, à propos d'un tableau que ces religieux refusaient d'accepter après l'avoir commandé ; nous savons pertinemment que c'est une histoire inventée à plaisir et pour les besoins de la cause, comme on dit au palais ; mais pour l'édification du lecteur, nous relaterons ici les deux versions contradictoires qui existent à ce sujet.

La première est évidemment controuvée, tandis que la seconde est accompagnée de certains documents dont il n'est pas possible de contester la véracité. Les pièces, conservées jusqu'à nos jours dans les archives du Brabant, vont être mises plus loin sous les yeux du lecteur.

PREMIÈRE VERSION

Appelé à Courtrai par les chanoines de la collégiale, Van Dyck y fit prix pour un tableau destiné au maître-autel de leur église, et devant représenter le Christ en croix. Il peignit cette toile dans son atelier d'Anvers, et quand elle fut terminée, fit le voyage de Courtrai tout exprès pour la mettre en place.

Le chapitre accourut tout entier pour prendre possession de l'œuvre de l'artiste. Ce dernier, très content de son travail, s'attendait probablement à être chaudement complimenté ; quelle fut donc sa surprise, quand il s'aperçut que l'assistance témoignait pour son tableau le plus profond mépris ; bien plus, on le traita de misérable barbouilleur, on lui dit que son Christ avait l'air d'un portefaix, et que les autres personnages ressemblaient à des masques.

Après ce beau compliment, les chanoines lui ayant

11

tourné le dos, Van Dyck resta seul dans l'église avec quelques domestiques qui crurent le consoler en lui conseillant de remporter sa toile, et en lui faisant observer qu'elle pourrait encore servir à faire des paravents.

L'artiste ne se rebuta pas. Aidé par quelques habitants de Courtrai, qui ne partageaient pas la manière de voir du chapitre, il plaça lui-même son tableau au-dessus de l'autel qu'il était appelé à décorer.

L'opinion des chanoines de la collégiale ne tarda pas du reste à se modifier quelque peu; plusieurs peintres flamands s'étant rendus à Courtrai pour juger par eux-mêmes si leur jeune confrère d'Anvers s'était aussi grossièrement trompé qu'on le prétendait, furent unanimes à proclamer que, loin de mériter le blâme, le tableau de Van Dyck était une œuvre remarquable.

Il fallut bien que ceux qui l'avaient d'abord amèrement critiqué finissent par convenir qu'ils avaient pu se tromper; mais ce fut à contre-cœur qu'ils offrirent à l'artiste, qu'ils avaient si mal reçu, la moitié de la somme primitivement fixée pour son travail.

Van Dyck, indigné du peu de prix qu'on attachait à son tableau, refusa cette honteuse transaction; et comme, pour le décider à l'accepter, les chanoines lui laissaient entrevoir que, s'il se montrait arrangeant dans cette circonstance, ils lui feraient plus tard d'autres commandes :

— Vous avez assez de barbouilleurs à Courtrai, leur dit-il, sans qu'il soit besoin d'en faire venir d'Anvers; et quant à moi, je ne peindrai désormais que pour des hommes, et non pour des ânes.

XIV

SECONDE VERSION (d'après Guiffrey)

Les chanoines de la collégiale furent très satisfaits du tableau qu'ils avaient commandé à Van Dyck ; aussi assurèrent-ils à l'artiste que s'ils avaient besoin d'autres toiles pour décorer leur église, ils ne manqueraient pas de lui donner la préférence ; et dès qu'il fut de retour à Anvers, la somme qui lui était due lui fut versée par l'entremise d'un négociant de Courtrai contre le reçu suivant :

« Je reconnais par la présente avoir reçu des mains de Monsieur Van Waonsel la somme de cent livres de Flandre, et ce, pour le payement d'un morceau de peinture fait pour Courtrai et qui est le crucifiement du Christ, laquelle pièce a été commandée par Monsieur de Braye, chanoine dans la dite ville, en fait de quoi j'ai signé la présente le 18 mai 1631 à Anvers.

» A. Van Dyck. »

Si l'artiste avait eu à se plaindre en quelque façon des procédés des chanoines de Courtrai, il eût pu s'en tenir à cette quittance et se dispenser d'écrire la lettre suivante :

« Monsieur Braye,

» J'ai reçu votre agréable lettre du 13 courant, avec la douzaine de gaufres, j'ai également reçu de Monsieur Van Waonsel la somme de cent livres de Gros, pour payement d'un tableau fait par vos ordres, et j'en ai passé *quittance au dit sieur* Van Waonsel.

» Je vous remercie tant du payement que des gaufres; j'ai eu le plus vif désir de vous donner satisfaction par cet ouvrage, et j'apprends avec un grand plaisir, par votre chère lettre, que vous en êtes content, ainsi que Monsieur le doyen et les autres chanoines.

» Vous me demandez, comme souvenir, l'esquisse du susdit morceau; je ne veux pas vous la refuser, quoique je ne le fasse point pour d'autres; à cette fin, je l'ai envoyé à Monsieur Van Waonsel pour qu'il vous la fasse remettre, sur quoi je termine en vous offrant mes services selon mon pouvoir, et suis, après vous avoir salué cordialement et souhaité une longue et heureuse vie, Monsieur, votre très humble serviteur.

» A. Van Dyck. »

La suscription de cette lettre portait : Au Révérend très dévot sieur, Monsieur de Braye, digne chanoine à Courtrai.

On voit, par cette dernière version, que si Van Dyck n'a pas toujours eu à se louer de ses clients, ce n'est pas des chanoines *de Courtrai qu*'il eut à se plaindre; au surplus, comme nous l'avons déjà dit, s'il a éprouvé quelquefois des embarras d'argent, sa prodigalité en a toujours été la principale cause.

XV

On a dit encore quelque part que, dans le courant de l'année 1638, Rubens avait proposé sa fille en mariage à son ancien élève ; cette histoire est également faite à plaisir ; d'ailleurs elle est invraisemblable, car la première femme de Rubens ne lui laissa que des fils, et la fille unique de sa seconde épouse, Hélène Formann, née en 1632, n'avait à cette époque que six ans.

Ce qui est acquis à l'histoire, c'est que notre héros reçut un jour une visite à laquelle il était loin de s'attendre.

La reine Marie de Médicis, ayant définitivement quitté la France par suite des querelles que lui suscitait Richelieu, était venue passer quelques jours à Anvers; elle voulait rendre visite au grand artiste qui avait décoré sa galerie du Luxembourg ; quand elle eut admiré la demeure somptueuse de Rubens et les richesses artistiques qu'elle renfermait, il lui prit fantaisie d'aller voir travailler Van Dyck dont la réputation commençait à se répandre.

Elle venait de trouver Rubens installé dans une habitation princière, entouré d'une nombreuse cour d'amis et flatteurs ; elle surprit Van Dyck dans un grand bâtiment presque abandonné, dépendance d'un couvent où on l'avait admis par faveur.

La pièce où l'élève de Rubens reçut la mère de

Louis XIII n'avait pour ornements que des esquisses et des copies rapportées d'Italie.

Une aussi pauvre installation n'était pas de nature à inspirer une grande confiance à la royale visiteuse ; cependant Marie de Médicis ne craignit pas de demander au jeune artiste s'il voulait faire son portrait.

C'était une faveur dont il sut se rendre digne, et il prouva à la reine-mère que le talent et la richesse ne vont pas toujours de compagnie.

Ce n'était pas du reste la seule tête couronnée que Van Dyck pouvait compter parmi sa clientèle ; déjà, en 1629, Charles Ier, roi d'Angleterre, curieux de voir un échantillon du talent d'un artiste dont le comte Arundel ne cessait de lui faire l'éloge, avait chargé un gentilhomme de sa cour, nommé Endymion Porter, de commander à Van Dyck, pour la galerie de son palais, un tableau représentant les amours de Renaud et d'Armide.

La toile, une fois terminée, avait été envoyée à Londres, accompagnée de la lettre suivante :

« Monsieur,

» Le tableau que vous m'avez commandé pour Sa Majesté est achevé, et selon votre désir, je l'ai remis entre les mains de Monsieur Pery. C'est pourquoi je vous prie, à l'arrivée dudit tableau, de vouloir bien en prendre soin et y ajouter ce qui pourrait lui manquer.

» Ledit sieur Pery m'a payé trois cents patacons qui valent soixante-douze livres sterling.

» Je termine ici ma lettre, me réservant le plaisir de vous rendre service à la première occasion, en vous demandant de m'aviser le plus tôt possible de la réception de la présente, ainsi que de celle du tableau ; je prie le Seigneur qu'il vous garde pendant de longues et nombreuses années, comme je le désire.

» Je baise les mains de votre seigneurie.

» Votre très humble et très affectueux serviteur.

» D'Anvers, 5 décembre 1629.

» A. Van Dyck. »

XVI

Il serait trop long de citer ici tous les tableaux exécutés par Van Dyck, pendant les dix années qui séparent son retour d'Italie de son établissement définitif en Angleterre où nous allons bientôt le suivre ; nous nous contenterons d'en signaler quelques-uns datant de cette période féconde, et disséminés aujourd'hui dans les églises et dans les collections publiques de la Belgique.

Van Dyck a peint tous les personnages de distinction conduits dans les Flandres par les événements politiques, comme aussi tous les artistes avec lesquels il s'est trouvé en relation. Ses plus remarquables portraits sont ceux de Snyders, son ami intime, et du marquis d'Aytona ; cette dernière toile porte, par exception, la signature de son auteur, car il est à remarquer que Van Dyck, à l'exemple de son maître, signait fort rarement ses œuvres ; sur sept à huit cents toiles qu'on lui attribue, on ne constate que quinze à vingt signatures.

Van Dyck peignit pour l'hôpital de Vitrorde un tableau représentant saint Antoine de Padoue ; pour l'église des Récollets, à Lille, Notre-Seigneur en croix et saint Antoine donnant la communion à un vieillard, au milieu d'une foule de peuple; et, pour la même ville, une adoration des bergers.

Il peignit pour les Capucins de Dendermonde, un crucifix qui passa pour le plus beau qu'il ait fait; pour les Jésuites d'Ypres, une Résurrection de Notre-Seigneur; et pour l'Hôtel de Ville de Bruxelles, une grande toile représentant les magistrats de la cité; ce tableau contenait plus de vingt figures d'une ressemblance frappante. On voit encore à Anvers, dans l'église de Notre-Dame, le portrait du bourgmestre Rockox dont nous avons déjà parlé; dans l'église Saint-Jacques, le portrait du peintre Jean Breughel et celui de Jean Snellincks, placé au-dessus de son tombeau; dans l'église des Béguines, un tableau représentant saint Jean et la Madeleine; et enfin dans la chapelle des religieuses Annonciades, le portrait du fondateur de la maison.

Nous terminerons cette liste, d'ailleurs très incomplète, en signalant les trois magnifiques tableaux qu'a possédés pendant quelques années la ville de Bruges : le premier représentait Notre-Seigneur couronné d'épines; le second, la descente du Saint-Esprit sur les apôtres, et le troisième, saint Jean-Baptiste et saint Jean, l'Évangéliste.

XVII

On raconte que ces trois toiles restèrent longtemps roulées dans un grenier de l'abbaye aux Dunes, sans qu'on se doutât qu'elles méritassent un meilleur sort; le hasard seul les remit au jour.

Le Procureur de l'ordre, pendant une de ses vacances, se trouvait dans la dite abbaye ; après avoir examiné tous les tableaux de la maison, il allait se retirer quand le Père Supérieur, qui l'accompagnait, lui dit tout à coup :

« Si vous aimez les tableaux, nous en avons encore deux ou trois dans notre grenier ; c'est un abbé qui les a fait faire autrefois, nous ne nous connaissons pas en peinture et personne ici ne les a vus. »

Le Procureur, qui avait quelques notions de dessin, eut beaucoup de peine à dissimuler la surprise qu'il éprouva à la vue de ces trois toiles si peu appréciées jusqu'alors et demanda à les acheter.

Le Père Supérieur lui dit qu'il n'accepterait pas d'argent, mais qu'il prenait sur lui de lui laisser les trois tableaux pour une pièce de vin de Bourgogne.

Le marché fut conclu sur l'heure et les trois toiles en question s'en allèrent à Bruges, où leur nouveau possesseur les fit examiner par un expert.

Elles furent déclarées de véritables chefs-d'œuvre et attribuées à Van Dyck.

En apprenant qu'il ne s'était pas trompé sur le mérite de son acquisition, le Procureur de l'abbaye aux Dunes crut devoir informer le Supérieur que les tableaux dont il s'était dessaisi avaient une véritable valeur, et en même temps il lui proposa de les lui rendre ; mais ce dernier lui répondit que son intention avait été de lui en faire cadeau, et que, de grande ou petite valeur, il lui en faisait de nouveau présent.

Ces trois tableaux, achetés plus tard pour le compte du roi de Prusse, furent payés 20,000 florins, ainsi que le constate le reçu suivant qui existe encore :

« Reçu par moi soussigné, abbé et procureur de l'abbaye aux Dunes, de Monsieur Shorel de Vibryck, la somme de vingt mille florins, pour acquit de l'achat de trois vieux tableaux peints par Van Dyck. »

XVIII

Autant Van Dyck fut encouragé et loué par Rubens et les autres maîtres de l'école flamande, autant il fut critiqué dès son retour dans sa patrie, par ses anciens camarades d'atelier, comme par les artistes de son âge qu'il avait eu l'occasion de rencontrer à Rome et qui lui gardaient rancune depuis qu'il avait déserté la taverne de *la Sirène*.

Ayant conscience de sa valeur, l'élève du prince des peintres flamands eût dû mépriser les méchants propos qu'on répandait sur son compte; mais ces sourdes attaques le rendaient malheureux, il vint un jour où il ne se sentit plus la force de les supporter, et prit tout à coup la résolution d'abandonner un pays où il avait tant d'ennemis, pour aller vivre en Angleterre.

Etait-ce bien là la véritable raison qui le décidait à s'expatrier? N'était-ce pas plutôt l'idée qu'on avait alors de la libéralité des Anglais et du goût prononcé qu'ils montraient pour les arts?

Depuis longtemps Van Dyck se plaignait de ne pas gagner assez d'argent, et il espérait, probablement, que de l'autre côté du détroit, il vendrait ses tableaux plus cher, et pourrait, à l'exemple de Rubens, réaliser une grande fortune.

Quoi qu'il en soit, il mit son projet à exécution; mais avant de quitter définitivement la Flandre, il se rendit à la cour de Frédéric de Nassau qui, plusieurs fois déjà, l'avait invité à venir passer quelques jours à La Haye.

Ce ne fut donc qu'après avoir terminé dans cette cour les portraits en pied du prince, de la princesse d'Orange et de ses enfants, qu'il s'embarqua pour la Grande-Bretagne, où il arriva au commencement de l'année 1632.

XIX

Présenté à la cour de Charles Ier par le chevalier Digby, l'un de ses admirateurs, ce prince le reçut avec bonté et lui fit présent de son portrait, suspendu à une chaîne d'or et entouré de diamants ; mais ce n'était que le commencement des faveurs dont on allait le combler. Bientôt le roi lui assigna deux logements, un d'hiver à Blasforre, un d'été à Eltheim, et lui assura une pension convenable, ainsi que l'établit l'ordre du sceau privé du 21 mai 1632, qui enjoint au sieur Édouard Norgate « de payer une somme de quinze schellings par jour, à dater du premier avril, pour la nourriture d'Antoine Van Dyck. »

Voulant ensuite contribuer à la fortune de l'artiste et lui rendre le séjour de l'Angleterre plus agréable, Charles Ier fixa lui-même le prix de ses portraits en pied à cent livres sterling et ceux à demi-corps à cinquante livres.

Van Dyck sut profiter des bontés du roi, et bientôt il

enrichit son royaume de ses portraits et de ses admirables compositions.

« L'arrivée de l'artiste flamand à la cour de Sa Majesté britannique ne pouvait manquer, dit encore l'historien Guiffrey, d'exciter la jalousie du hollandais Daniel Mytens, peintre ordinaire de Charles Ier, et jusqu'à cette époque sans rival; en vain le roi chercha-t-il à lui persuader que la faveur accordée à un étranger ne nuirait pas à celle dont il avait joui jusqu'alors, en vain Van Dyck lui-même usa-t-il des meilleurs procédés pour vivre avec cet artiste en bonne intelligence, l'ombrageux Daniel Mytens ne voulut rien entendre et partit pour La Haye, en accusant le roi d'Angleterre d'ingratitude.

XX

Quelque temps après son arrivée à Londres, Antoine Van Dyck, nommé peintre ordinaire de Sa Majesté, était créé chevalier de l'Ordre du Bain. En quatre mois d'un travail assidu, il avait déjà terminé plusieurs toiles importantes, la figure en pied de Charles Ier, celle de Gaston d'Orléans, frère du roi de France, le portrait à mi-corps de la reine et enfin un tableau où se trouvaient groupés, le roi, la reine, leur fils et leur fille.

Van Dyck retraça plusieurs fois depuis les traits du roi et de la reine. Les galeries d'Angleterre ne possèdent pas moins de sept portraits équestres de Charles Ier et de dix-sept toiles où ce prince est représenté, soit en pied, soit à mi-corps, dans les attitudes les plus diverses, sans parler, bien entendu, des nombreuses copies répandues dans tout le royaume ; car pour faire leur cour au roi, les seigneurs de la cour s'empressaient d'accourir chez Van Dyck pour lui demander de recommencer pour eux les toiles dont nous venons de parler.

Les portraits des enfants de Charles Ier se trouvent également en grand nombre dans les musées de la Grande-Bretagne, et la plupart ont été exécutés sous les yeux du roi, qui venait fréquemment dans l'atelier de Van Dyck voir peindre les charmants babys roses et potelés qu'il savait si bien reproduire, et pour lesquels il trouvait des colorations d'une fraîcheur incomparable.

XXI

Pendant les premières années qu'il passa en Angleterre, Van Dyck amassa des sommes énormes ; aussi, se laissant aller à son penchant pour le luxe, menait-il un train de grand seigneur ; il avait des chevaux, de nombreux domestiques et tenait table ouverte ; entouré d'hommes choisis dans l'élite des artistes et des littérateurs, ses réceptions journalières se prolongeaient souvent pendant une partie des nuits, de sorte que, sa constitution frêle et délicate se ressentit bientôt des excès auxquels il ne craignait pas de se livrer.

Ce genre de vie était d'autant plus dangereux pour sa santé que, depuis longtemps déjà, il ressentait les atteintes de la maladie à laquelle il devait succomber de bonne heure ; ceux qui ont vu ses portraits peints à différentes époques de sa vie, ont pu facilement constater l'altération successive de ses traits, preuve évidente d'un épuisement progressif.

Dès l'année 1634, se trouvant à bout de forces, Van Dyck comprit qu'il avait besoin de prendre un peu de repos, et après avoir obtenu un congé du roi, il se rendit dans les Pays-Bas et profita de ce voyage pour régler certaines affaires de famille, qu'il avait négligées jusqu'alors.

Le 14 avril 1634, Van Dyck se rendait acquéreur d'une rente de cent vingt-cinq florins du Rhin, assise sur la seigneurie de Steen que Rubens devait acheter l'année suivante, et à la date du 28 mai, il passa devant un notaire de Bruxelles une procuration qui conférait à sa sœur Suzanne l'administration des biens qu'il possédait à Anvers.

Ce fut pendant le court séjour qu'il fit à cette époque dans sa ville natale, qu'il fut nommé par acclamation doyen de la corporation anversoise de Saint-Luc.

Peut-être était-ce un hommage que ses concitoyens avaient voulu lui rendre, espérant qu'un pareil honneur le déciderait à venir finir ses jours dans sa patrie ; mais leur espérance fut déçue, car, une fois ses affaires terminées, Van Dyck, dont la santé avait semblé se raffermir, repartit pour l'Angleterre et vint s'installer de nouveau à sa résidence de Blacfrias.

XXII

Désirant alors rattrapper le temps perdu, notre artiste se remit au travail avec ardeur et peignit en quelques mois un grand nombre de nouvelles toiles, particulièrement des portraits.

On s'est demandé souvent comment Van Dyck pouvait suffire à tant de travaux; l'explication en a été donnée par un de ses contemporains, qui la tenait d'un nommé Jabach, grand amateur des beaux arts et ami de notre artiste.

Le dit Jabach lui a conté que, parlant au peintre de Charles Ier du peu de temps qu'il employait à faire ses portraits, ce dernier lui répondit :

« Si je travaille aujourd'hui plus vite qu'autrefois, c'est que dans ma jeunesse je travaillais pour ma réputation et que maintenant je travaille pour ma fortune. »

Voici, au dire du sieur Jabach, quelle était sa manière ordinaire d'opérer :

« Le maître donnait jour et heure aux personnes qu'il devait peindre, et ne travaillait jamais plus d'une heure par jour à chaque portrait, soit à l'ébaucher, soit à le finir; la séance terminée, il se levait et faisait la révérence à la personne, comme pour l'avertir que c'en était assez pour ce jour là, et convenait avec elle d'un autre jour et d'une autre heure, après quoi un valet de chambre venait nettoyer ses pinceaux et lui préparer une autre palette, pendant qu'il recevait un nouveau client auquel il avait donné rendez-vous.

» Il travaillait ainsi à plusieurs portraits dans le même jour, avec une promptitude extraordinaire.

» Après avoir légèrement ébauché son modèle, il le faisait mettre dans l'attitude qu'il avait auparavant méditée, et, avec des crayons noirs et blancs, il dessinait sur du papier gris sa taille et ses habits, qu'il disposait en un instant avec un goût exquis. Il donnait ensuite ce dessin à d'habiles élèves, qu'il avait chez lui, pour les peindre d'après les vêtements mêmes que les personnes, à sa prière, avaient envoyés exprès.

» Ses élèves ayant fait d'après nature ce qu'ils pouvaient aux draperies, Van Dyck passait légèrement dessus et y mettait de sa main le cachet de vérité, qu'on admire dans ses œuvres.

» Pour ce qui est des mains, ajoute Jabach, il avait des personnes à ses gages de l'un et de l'autre sexe qui lui servaient de modèles. »

XXIII

C'est par de pareils procédés que Van Dyck parvint à gagner l'argent indispensable à ses folles dépenses.

Pendant les premières années qu'il travailla pour la cour, ses tableaux comme sa pension, lui furent exactement payés; mais, dès 1637, les embarras financiers de la couronne le privèrent d'une partie de ses bénéfices et de son revenu ; il ne reçut plus du roi que de rares à-comptes, de sorte qu'un jour il en fut réduit à réclamer ce qui lui était dû.

Nous donnons ici la copie d'un mémoire qu'il se trouva forcé de mettre sous les yeux de Charles Ier pour lui rappeler qu'il était son débiteur.

MÉMOIRE POUR SA MAJESTÉ LE ROI

Pour *mollures* d'un *veu conte*.	27 livres	
Une *teste* d'un *veliant* poete.	20 ls	12
Le prince Henri.	50	»
Le roi à la *ciasse*.	200	100
Un prince *Pallatin* avec sa *mollure*. . . .	34	30
Le prince *Carle* avec le *ducq* de *Iare*, princesse Maria, pesse *Elisabet*, pesse Anna.	200	100
Le Roi *vestu* de noir avec sa *mollure*. . . .	34	26
Une *Reyne* en petite forme.	20	»
Une *Reyne vestu* en *blu*.	30	»
Une *Reyne vestu* en blanc.	50	»
Une reine-mère.	50	»
La reine pour Monsr Barnino.	20	15
La *Reyne* en petite forme.	20	»
La *Reyne envoyé* à Monsr Fulding. . . .	30	20
Le prince *Carlos* en armes pour Somerset. .	40	»
Le *Roy alla Reyne* de Bohême.	20	25
Le *Roy* en armes donné au Baron Vierto. . .	50	40
La *Reyne* au do Baron.	50	40
Le *Roy*, la *Reyne*, le prince Carlos *au* l'ambasr Hopton.	90	75
Une *Reyne vestu* en *blu donné* au *Conte* d'*Ollande*.	60	»
Deux *demis* portraits *della Reyne* du *veu Conte*. .	60	»
Une pièce pour la maison a Green-Witz : le *dessein* du *Roy* et tous les chevaliers.	100	»

XXIV

Le portrait de Charles Ier désigné sur cette liste sous le titre du *Roi à la Ciasse*, est celui où il est représenté debout accompagné de son cheval, que tient un écuyer. Cette toile est une des gloires de la galerie du Louvre. On a vu qu'elle n'avait été payée à Van Dyck que cent livres; mise aux enchères en 1770, après avoir appartenu à l'Impératrice de Russie, qui la tenait du baron de Thiers, elle passa au marquis de Lussay et, après sa mort, au comte de la Guiche, qui la mit en vente.

Ce fameux portrait ne trouva pas d'acquéreur, et les héritiers du comte le retirèrent à 17,000 livres, somme qu'il atteignit avec peine, et ce fut à la suite de cette infructueuse tentative, que la comtesse Dubarry fit faire des offres au possesseur du dit tableau.

On a dit que ce portrait avait appartenu à Louis XV. « C'est une erreur, dit l'historien Guiffrey, que nous avons déjà tant de fois consulté, la marquise le garda pour elle, et le plaça dans le salon de sa propriété de Louveciennes. Mais, plus tard, elle le vendit à Louis XVI, ainsi que cela résulte de la correspondance qui s'engagea à ce sujet entre les fondés de pouvoir de Sa Majesté le roi de France. »

Cette correspondance dont nous avons retrouvé trois lettres nous édifie complètement à ce sujet.

Lettre de M. d'Angeviller à M. Ledoux.

8 mai 1775.

« J'ai reçu, Monsieur, la lettre par laquelle vous me faites part de l'intention décidée où est Madame la comtesse Dubarry de vendre le portrait de Charles Ier, et de l'offre qu'on lui en a faite ; je ne laisserai pas échapper cette occasion d'acquérir ce morceau précieux. Je le retiens en conséquence pour le compte du roi et pour le prix de vingt quatre mille livres (ou mille Louis) qui en a été offert ; et cette somme sera payée comptant au moment de la remise du tableau.

» Je suis, Monsieur, etc.

» Il appartient donc désormais au Roi. »

Lettre du même à M. Jeaurat, garde des tableaux du roi.

« Sa Majesté vient, Monsieur, d'acquérir de Madame la comtesse Dubarry le portrait de Charles Ier peint par Van Dyck, que vous connaissez sans doute. Il est au château de Louveciennes, et le concierge est chargé de le livrer lorsqu'on l'enverra chercher par mon ordre ; c'est pourquoi il est à propos que vous envoyiez à Louveciennes les gens nécessaires pour l'enlever de ma part, et vous aurez soin, ensuite, de le placer dans le lieu du cabinet qui vous paraîtra le plus convenable pour sa conservation.

» Vous voudrez bien me prévenir de son arrivée, afin que je puisse l'aller voir. »

Lettre du même à M. Ledoux.

22 mai 1775.

« Je viens, Monsieur, de charger Monsieur Jeaurat de faire transporter de Louveciennes le tableau de Van Dyck, représentant Charles Ier

» Je joins ici l'ampliation de l'ordonnance au moyen de laquelle Madame la comtesse Dubarry peut faire toucher chez Monsieur Dutartre, trésorier général des bâtiments de Sa Majesté.

» Je pense ne pouvoir mieux faire que de vous adresser cette ampliation, pour que vous vouliez bien la lui remettre, ou à la personne chargée de cette affaire.

» Je suis, Monsieur, etc.

XXV

Nous avons parlé, dans le chapitre précédent, de la nécessité où s'était trouvé Van Dyck de réclamer au Roi le payement d'un mémoire arriéré.

La pénurie du trésor royal n'étant que trop réelle à cette époque, il arriva même qu'un jour, pendant que Van Dyck peignait un portrait du roi, notre artiste entendit le monarque se plaindre au duc de Nortfolk, son ministre des finances, de l'épuisement de sa cassette.

Charles Ier, ayant remarqué que Van Dyck l'écoutait, lui dit alors en riant :

— Et vous, chevalier, savez-vous ce que c'est que d'avoir besoin de cinq à six cents guinées?

— Oui, Sire, lui répondit le peintre, un artiste qui vit royalement et ouvre sa bourse à ses flatteurs comme à ses amis, ne voit que trop souvent le vide de son coffre-fort.

Il avait, comme on le voit, la réplique facile, mais il avait de plus le mérite de l'à-propos; nous en trouvons la preuve dans l'anecdote suivante, racontée par Descamps dans son *Histoire des peintres*, publiée à Anvers, en 1774.

« La reine Marguerite de Bourbon, fille d'Henri IV, avait des mains admirables; Van Dyck excellait à rendre ces extrémités; comme il s'y arrêtait longtemps, la princesse, qui posait devant lui, demanda d'un air enjoué, pourquoi il caressait plus ses mains que sa tête.

— C'est, répondit Antoine; parce que j'espère de vos belles mains une récompense digne de celle qui les porte. »

XXVI

L'année 1636 fut une des plus laborieuses de sa vie, à en juger par le grand nombre de tableaux qui portaient cette date.

Il peignit le portrait de Marguerite Smith, épouse de Thomas Carey, femme célèbre par sa beauté ; ceux de la comtesse de Southampton, de Francis Russell, comte de Bedfort, et de Philippe Herbert, quatrième comte de Penbroke. Il reproduisit la figure du roi, déjà peinte plusieurs fois, celle de la reine Henriette, habillée d'une robe de satin blanc, et, en outre, il termina le grand tableau de famille, représentant la duchesse de Buckingham tenant le médaillon de son mari et assise au milieu de ses trois enfants, deux garçons et une fille.

En 1637, Van Dyck fit les enfants de Charles Ier réunis, un nouveau portrait de ce prince en mi-corps, celui d'Alguernon Percy, comte de Northumberland, grand-amiral du royaume et celui de Lucy, comtesse de Carlisle.

En 1638, encore un portrait en pied du roi, un autre de la reine et une répétition de leurs trois enfants. Le portrait de l'archevêque de Cantorbery, celui de sir Thomas Killigrew et de plus la toile que réunit Killigrew et Thomas Carew. Ces deux personnages, vêtus de noir, tiennent chacun un papier sur lequel sont écrits quelques vers.

Il est à remarquer que Van Dyck avait une prédilection marquée pour les tableaux réunissant deux figures, car il peignit dans le courant de cette même année sur une même toile, Jacques Villiers, second fils de Buckingham et lord Francis, son frère ; John et Richard Stuart ; le comte de Strafford, assis près de son secrétaire qui écrit sous sa dictée.

En 1639, notre artiste peignit le portrait de B. Granville Esq. et un tableau représentant les trois enfants de Thomas Wentworth, le portrait en pied avec bottes et manteau court d'Arthur Goodwin et celui de Jane sa fille, mariée à lord Warton.

Une des plus remarquables figures dues à son habile pinceau, est celle de sir Kenelm Digby qu'il peignit à cette époque. Ce personnage, qui fut un de ses plus influents protecteurs, est représenté assis dans un fauteuil, vêtu d'un riche pourpoint ; il présente, presque de profil sa tête à moitié chauve et est saisissant de vérité.

Ce portrait fut plus tard gravé par Van Voerst.

Désirant exprimer en une devise son admiration pour le caractère et la loyauté de son modèle, Van Dyck eut recours au savant Francis Junius, auquel il écrivit la lettre suivante :

« Monsieur,

» Le baron Canuwe vient de me renvoyer un exemplaire de votre ouvrage *de Pittura veterum,* qui lui paraît d'un grand mérite et qu'il considère comme un travail des plus érudits. Je suis certain qu'il obtiendra du public un accueil aussi satisfaisant que tout livre publié par vous jusqu'à ce jour et que les arts recevront de nombreux éclaircissements d'un livre aussi remarquable, qui doit, à coup sûr, avancer leur réhabilitation et assurer une grande réputation à son auteur.

» Je l'ai récemment communiqué à un homme très instruit qui venait me visiter, et il m'est difficile de vous dire en quels termes favorables il parle de votre livre, qu'il regarde comme le plus curieux et le plus profond qu'il ait jamais connu.

» Le dit baron Canuwe désire en recevoir un exemplaire aussitôt qu'il sera mis en vente, persuadé qu'il est, que chacun le lira avec un intérêt particulier, et il est impatient de l'avoir sous les yeux.

» Comme j'ai fait faire la gravure du portrait du chevalier Digby dans l'intention de la mettre en vente, je vous prie humblement de me gratifier de quelques mots pour lui servir d'inscription ; ce sera me rendre un service et me faire un grand honneur.

» La présente ne tendant qu'à vous offrir mes respectueux services, croyez-moi toujours, Monsieur, votre indigne serviteur

» A. Van Dyck. »

La devise inscrite sur le portrait de sir Kenelm Digby est :

Impavidum ferient ruinæ.

Cette lettre donne la mesure de l'esprit et de la finesse de son auteur ; on voit qu'il savait à propos employer la louange, n'exprimant ses désirs qu'après avoir adroitement flatté et préparé ceux dont il attendait un service.

En définitive, il n'écrivait au susdit Francis Junius que pour obtenir de lui la légende qu'il se proposait d'inscrire au bas du portrait nouvellement gravé, et qui allait faire partie de la collection qu'il se proposait de publier.

XXVII

En outre des portraits dont nous venons de donner la liste, Van Dyck peignit, par ordre du roi et sur sa commande, plusieurs sujets mythologiques.

La danse des Muses et d'Apollon sur le Parnasse, une danse d'amour près de Vénus et d'Adonis couchés, Apollon écorchant Marsyas, et enfin une Bacchanale.

Les sujets historiques qu'il exécuta par ordre de la reine, étaient d'un genre bien différent; il peignit pour elle le repos en Egypte et la danse des anges.

Mais ces différents tableaux étaient de petites dimensions et Van Dyck eût été heureux d'avoir à entreprendre de vastes compositions.

Un instant, il crut avoir trouvé l'occasion de montrer son talent sous un aspect nouveau; il s'agissait de la décoration de la grande salle des banquets à Whitehall; salle dont Rubens avait autrefois peint le plafond, et dont les murailles étaient encore nues.

Le projet que Van Dyck soumit au roi, consistait dans la représentation des faits relatifs à l'institution et à l'histoire de l'Ordre de la Jarretière.

Quatre panneaux étaient à peindre : le premier devait représenter le couronnement du roi;

Le deuxième, l'institution de l'Ordre de la Jarretière;

Le troisième, la marche du roi et des chevaliers de l'Ordre, telle qu'elle se faisait le jour de la fête de Saint Georges;

Le quatrième, le festin royal qui avait lieu après cette marche.

L'idée de Van Dyck souriait au roi, et déjà le chevalier Digby avait mis sous les yeux du prince, l'esquisse de la marche des chevaliers, quand les évènements politiques qui se précipitaient à cette époque, firent ajourner un projet que l'artiste caressait depuis très longtemps, et dont l'abandon devait le jeter dans un découragement qui compromit sa santé de plus en plus chancelante.

L'état de prostration dans lequel il se trouva à la suite de la cruelle déception qu'il éprouvait, inquiéta vivement ses amis, et, comme ils cherchaient un dérivatif aux sombres pensées qui assiégeaient le malade, ils songèrent à le marier.

XXVIII

Le duc de Buckingham, qui portait un vif intérêt à notre artiste, se chargea de lui trouver un parti convenable, et, grâce à sa puissante entremise, Antoine Van Dyck, déjà sur le bord de la tombe, épousa quelques mois plus tard, vers la fin de l'année 1639, la fille d'un seigneur Ecossais, lord Ruthven, comte de Gorée.

Marie Ruthven était une des plus belles femmes de la Grande Bretagne, et Van Dyck, fier de l'illustre alliance qu'il venait de contracter avec l'agrément du roi, ne put résister au désir qu'il éprouvait de présenter sa jeune femme à ses parents et à ses amis d'Anvers.

Il traversa la Manche et alla passer quelques semaines dans sa ville natale.

D'Anvers, les nouveaux époux se mirent en route pour aller visiter les principales villes de la Flandre et de la Hollande, et, après un assez long séjour dans les Pays-Bas, on les vit partir précipitamment pour la France où de graves intérêts appelaient Van Dyck.

L'artiste venait d'apprendre que le roi Louis XIII se décidait enfin à faire décorer les galeries du Louvre, et il espérait pouvoir lui faire accepter ses services.

Malheureusement, il était trop tard; depuis quelque temps Richelieu s'était mis en rapport avec le Poussin, qui, arrivé le premier à la cour, avait été désigné par le roi pour exécuter cet important travail.

Il ne restait plus au peintre de Charles Ier qu'à reprendre le chemin de Londres, et il demanda un passe-port pour retourner en Angleterre.

Arrivé à Paris au mois de janvier 1641, il en repartait vers la fin de novembre, plus malade que jamais.

Il fallait en effet qu'il fut à cette époque bien sérieusement atteint pour refuser une commande que le cardinal de Richelieu avait cru devoir lui faire, afin sans doute de le dédommager de la nouvelle déception qu'il venait d'éprouver, à propos des galeries du Louvre, dont la décoration venait d'être confiée à un autre.

On trouve la preuve de la dite commande dans la lettre suivante qu'il écrivit à Monsieur de Chavigny, quelques jours avant son départ de la capitale de la France :

« Monsieur,

« Je *voys* par *vostre* très agréable, comme aussi j'entends par bouche de Monsieur Montagu, l'estime et l'honneur que me *faict* Monseigneur le cardinal.

» Je *pleins* infiniment le malheur de mon indisposition, puis *qui* me *ren* incapable et indigne de tant de faveurs.

» Je *n'aury* jamais *honeur* plus *desirée* que de servir *Sa Emi-ze*, et si je puis *recuvrer* mon salut, comme j'espère, je *feray* un *voiayce* tout exprès pour recevoir ses *commandemens*.

» *Sependant* je m'estime extrêmement redevable et obligé, et comme je me *troive* de jour *in* jour pire, *con touta diligensa* de me avancer envers ma maison en *Engleterre* pour laquelle donc je vous supplie de me faire tenir un passe-port, pour moi, ma femme et cinq serviteurs, ma *carosse* et quatre *sevaus* et m'*obligerés* infiniment d'*estre vostre* à jamais, comme je suis monsieur votre très humble et très obligé serviteur.

» 16 novembre 1641.

» A. V. D. »

Il est probable, fait remarquer Guiffrey, que cette lettre n'était pas de la main de l'artiste, et qu'il l'avait dictée à l'un de ses serviteurs, peu lettré, remplissant près de lui les fonctions de secrétaire.

XXIX

Les affligeantes nouvelles que Van Dyck apprit au moment de s'embarquer à Douvres, contribuèrent encore à augmenter son mal.

On ne se dissimulait plus que le trône de Charles Ier était sérieusement menacé; et on prononçait déjà tout bas le nom de Cromwell.

Ce fut donc, agité par les plus tristes pressentiments, épuisé de faiblesse et exténué de remèdes impuissants, qu'il arriva à Londres où sa maladie prit bientôt un caractère des plus alarments et dégénéra tout à coup en phthisie galopante.

Le Roi en fut vivement affecté et promit à son médecin trois cents guinées s'il parvenait à guérir son cher malade. Mais, hélas! à ce moment il n'était plus temps d'enrayer un mal qui faisait chaque jour de nouveaux progrès.

Cependant une dernière consolation était réservée au pauvre artiste, dont les jours étaient comptés.

Peu après son retour à sa résidence de Blackfriars, le 1er décembre 1641, Marie Ruthven mit au monde une fille, qui reçut les prénoms de Justine-Anne; mais trois jours après cet heureux évènement, qui avait comblé son vœu le plus cher, Van Dyck sentit que sa mort approchait et profita du peu de forces qui lui restaient pour faire venir un prêtre et dicter à son notaire ses dernières volontés.

Avant de donner ici la traduction littérale du testament de Van Dyck, nous croyons devoir aller au devant d'une observation que le lecteur ne manquerait pas de nous faire. Il trouverait assurément étrange qu'il soit question, dans la pièce authentique que nous allons citer, d'une *fille* de Van Dyck dont nous n'avons jamais parlé.

Cette abstention volontaire est motivée par la répugnance que nous aurions éprouvée à nous immiscer dans la vie intime de l'artiste flamand.

Nous nous contenterons de dire que cette fille, dont il va être question, était une orpheline qu'il avait adoptée.

XXX

TESTAMENT D'ANTOINE VAN DYCK

Au nom de Dieu, Amen, moi sir Antony Van Dyck, chevalier, né à Anvers, en Brabant, faible de corps, mais jouissant de mes sens, mémoire et intelligence, grâces en soient rendues au Tout-Puissant; considérant que rien n'est plus certain que la mort et rien de plus incertain que l'heure du trépas, ai fait et ordonne, et par cet acte déclare et ordonne mes dernières volontés et testament comme suit :

D'abord je remets mon âme entre les mains de Dieu tout puissant, notre divin Père, et je confie mon corps à la terre, pour être déposé chrétiennement et décemment dans la cathédrale de Saint-Paul à Londres; et venant ensuite à l'arrangement et à la disposition de mes biens et de ma fortune temporelle qu'il a plu au Dieu tout puissant de me prêter sur cette terre, j'en dispose de la manière suivante :

Premièrement, quant à mes espèces, biens et possessions, laissés et conservés dans ladite ville d'Anvers, excepté deux obligations ou billets montant ensemble à la somme de quatre mille livres sterling, et confiés à ma sœur Suzanne Van Dyck, à Anvers, je les lègue entièrement à ma dite sœur à condition que des dites rentes et du dit argent ma dite sœur s'engage à soutenir et à élever *ma jeune fille (sa fille adoptive)* nommée Marie-Thérèse Van Dyck.

Et s'il arrivait que ma dite sœur vint à mourir, alors mes dits biens et espèces seraient touchés et employés, au bénéfice et au profit de ma dite *fille survivante*, par les Dames du couvent où ma dite sœur Suzanne demeure aujourd'hui.

Et c'est aussi mon désir et ma volonté que des dits biens et espèces, mon autre sœur, Isabelle Van Dyck, reçoive et employe pour son propre usage deux cent cinquante florins par an, à elle payés des dits biens et espèces laissés par moi à Anvers, comme je l'ai dit ci-dessus.

Et après le décès de ma sœur Suzanne et de *ma fille Marie-Thérèse Van Dyck* les dits biens et espèces reviendront et échèrront à ma fille légitime, née ici à Londres le premier jour de décembre 1641, et, je l'en fais et déclare pleine et légitime héritière.

Secondement, le reste de mes biens, espèces, créances,

tableaux, comptes, billets et écrits quelconques, laissés après moi dans le royaume d'Angleterre, avec toutes les sommes à moi dues par Sa Majesté le roi d'Angleterre, par la noblesse ou toutes autres personnes quelles qu'elles soient, et ce qui en sera recouvré, sera également réparti entre ma femme, lady Marie Van Dyck et ma dite fille nouvellement née à Londres, en parties justes et égales, pourvu que les sommes placées à intérêt restent placées, et que ma dite femme emploie le dit argent seulement avec soin et discrétion.

Et en cas que ma dite fille née ici à Londres vienne à mourir avant sa mère, alors la dite mère recevra l'autre moitié de la part du dit enfant.

Et s'il arrive que ma dite *fille* à Anvers et ma sœur Suzanne Van Dyck viennent à mourir toutes deux avant ma fille née en Angleterre, alors les dits biens et espèces laissés par moi à Anvers, comme est dit ci-dessus, reviendront à ma dite fille née en Angleterre, survivante.

Et si mes dites *deux filles* viennent à mourir sans postérité, avant ma femme survivante, alors ma dite femme héritera et jouira des dits biens et espèces laissés par moi à Anvers.

Et, après la mort de ma dite femme, les enfants de ma sœur Catherine, mariée à sir Adrien Dircke, hériteront et jouiront des dits biens et espèces laissés à Anvers, comme il est dit ci-dessus.

Et, de même, je donne et lègue aux pauvres de l'église Saint-Paul, où je désire être enterré, trois livres sterling pour être partagés entre eux, et de même, je donne aux pauvres de la paroisse de Blacfrias, où je demeure, une même somme de trois livres sterling pour être partagés entre eux ; et de même je donne et lègue à chacun de mes domestiques, autant mâles que femelles, aujourd'hui à mon service, vingt schellings chacun, comme souvenir ; lesquels dits legs doivent être payés d'abord de ma fortune ci-dessus mentionnée par les exécuteurs de ma dernière volonté et de mon testament.

Et je fais et déclare ma dite femme Marie Van Dyck, madame Catherine Cowley et monsieur Aurelius de Merghem ici présents, tous et chacun d'eux séparément, pleins et entiers exécutrices et exécuteurs de mon testament, voulant et exigeant qu'ils fassent exécuter ma dernière volonté en tous points par leurs efforts.

Et je donne au dit Aurelius de Merghem pour ses peines et soins en cette occasion, la somme de quinze livres sterling; et je donne et alloue à la dite Catherine Cowley, la somme de dix livres sterling pour ses peines et soins en cette occasion.

Et mon désir et volonté est que la dite Catherine Cowley reçoive de plus de ma dite fortune, la somme de dix livres sterling pendant quatre ans à venir, savoir pendant quatre ans, chaque année, dix livres sterling à commencer du jour de mon décès.

Et après que ces quatre années seront expirées, la dite Catherine Cowley aura et recevra dix-huit livres sterling par an, c'est-à-dire chaque année dix-huit livres, comme tutrice de ma fille, jusqu'à sa dix-huitième année.

Et je reconnais ceci pour ma dernière volonté et mon testament, abolissant et annulant tous testaments, donations et codicilles faits ci-devant *causâ mortis* ou autrement par moi, en vertu du présent acte.

En témoignage de quoi, moi, Antoine Van Dyck, ai ajouté ma signature et mon sceau à ma dernière volonté et testament, le quatrième jour de décembre *Anno Domini* 1641, la dix-septième année du règne de notre souverain maître le roi Charles.

A. Van Dyck.

XXXI

Quelques biographes ont prétendu que dans les dernières années de sa vie, Van Dyck, déjà à moitié ruiné par de folles dépenses, avait eu recours à l'alchimie pour essayer de rétablir sa fortune. Ils ont même ajouté qu'entraîné dans cette voie fatale par le chevalier Digby, il avait fait construire, à grands frais, un laboratoire, où s'était évaporé en peu de temps, dans le creuset, l'or qu'il avait amassé avec son pinceau.

Les sommes importantes qu'il laissa à ses héritiers, quinze mille livres sterling (environ un million aujourd'hui), prouvent suffisamment qu'on n'a pas à lui reprocher pareille folie, et on doit tenir pour véridique, la réponse qu'on assure lui avoir entendu faire à un charlatan qui lui conseillait de se livrer à la recherche de la pierre philosophale.

« J'ai trouvé depuis longtemps, grâce à ma palette, une recette plus sûre pour m'enrichir. »

Quelques jours seulement après avoir dicté son testament, le 9 décembre 1641, Van Dyck rendait son âme à Dieu, recommandant à ses amis, sa femme et la jeune enfant, qui ne devait lui survivre que peu de temps.

Le corps de l'éminent artiste dont nous venons de retracer l'histoire fut transporté, en grande pompe, et selon son dernier vœu, dans l'église de Saint-Paul à Londres.

Son tombeau, placé dans le chœur à côté du tombeau de Jean de Gand, représentait le génie de la peinture, le bras gauche appuyé sur une tête de mort et regardant ses traits dans un miroir qu'il tenait de la main droite.

Au-dessus était gravée l'inscription suivante :

Qui dum viveret
Multis immortalitatem
donaverunt
Vita fonctus est
Carolus I.
Mag. Brit. Fr. et Hib.
Nex
Antonio Van Dyck
equiti aurato
P. C.

Un grand incendie qui dévora la vieille cathédrale fit tout disparaître, inscription et monument.

Il ne reste plus du célèbre artiste qu'une mémoire impérissable due aux chefs-d'œuvre qu'il a légués à la postérité.

XXXII

Quand on considère le grand nombre d'ouvrages dus au pinceau de Van Dyck mort si jeune, on peut constater que jamais artiste n'eut une plus étonnante facilité.

Nous avons cité déjà les principaux tableaux de Van Dyck qui existent en Flandre, en Italie et en Angleterre. Voici maintenant la nomenclature de ceux que possède la France, et qu'on peut voir au Louvre et dans différents autres musées :

Notre-Seigneur en croix ;

Un *Saint Sébastien ;*

Deux portraits de la reine *Marie de Médicis ;*

Le portrait du *Marquis d'Aytona ;*

Une Vierge et St. Vincent de Paul ;

Une *Vierge avec l'enfant Jésus*, et deux figures à genoux ;

Une *Vierge avec la Madeleine ;*

Une *Descente de croix ;*

L'*Annonciation*, (copie d'après le Titien);

Vénus, faisant forger des armes pour Enée ;

Les deux portraits des *princes Palatins ;*

Celui du *duc de Lux ;*

Celui de l'*Infante Elisabeth en religieuse ;*

Le portrait de *Rubens* et celui de son fils ;

Celui de sa femme et de sa fille ;

Celui de l'artiste ;

Un homme sur un cheval, caressant un chien ;

La princesse de Phalsbourg, appuyée sur un maure, qui tient une corbeille de fleurs ;

Le comte Arundel assis dans un fauteuil ;

Le portrait du président *Richardot*, ministre de Philippe II, avec son fils ;

La *Reconnaissance d'Achille ;*

Le portrait en pied de la reine d'Angleterre ;

Et enfin celui de *Charles Ier*, cédé à Louis XVI par la comtesse Dubarry.

XXXIII

Pour donner une idée de l'importance qu'on attachait encore au dix-huitième siècle aux œuvres de Van Dyck, nous transcrivons ici la lettre qu'un sieur Stanislas Destombes, gardien du couvent des Récollets à Lille, écrivait au comte d'Angivillier, chargé d'enrichir la collection du roi Louis XVI :

« MONSEIGNEUR,

« Pénétré plus que personne du désir de complaire à Sa Majesté et de lui prouver notre zèle et notre soumission profonde à ses volontés en tout ce qui peut dépendre de nous; c'est avec le plus vif regret que nous prenons la liberté de vous présenter l'impuissance où nous sommes de satisfaire à la demande que vous nous faites de sa part, du tableau de Van Dyck qui est au maître autel de notre église.

» Ce tableau, Monseigneur, nous a été donné par une des familles des plus respectables de la province, à condition qu'il ne sortirait jamais de nos mains, outre, Monseigneur, qu'il fait l'ornement de notre église, qui est une des plus belles et des plus fréquentées de Lille, il fait encore l'objet de la piété du public, l'admiration des étrangers, ainsi que le modèle des élèves de l'Académie de peinture de cette ville; aussi est-ce avec tous les soins possibles que nous conservons ce précieux dépot. (Ce tableau est le Christ en croix).

Ce ne fut pas la seule déception que devait éprouver Monsieur le comte d'Angivillier au sujet des tableaux de l'artiste flamand ; il échoua également dans une tentative près des Capucins de Courtrai, à propos d'un tableau de Van Dyck, dont on ne dit pas le sujet, et qui ornait le maître-autel de leur couvent.

XXXIV

Nous terminerons notre étude biographique par la liste des élèves qui ont fait le plus d'honneur à Van Dyck. Ils faisaient presque tous partie de la Confrérie de Saint-Luc formée à Londres par le peintre ordinaire de Charles Ier, sur le modèle des Guildes anversoises, et dont les réunions se tenaient à la taverne de *La Rose* dans Fleet-Streit.

Nommons en première ligne Jean Van Belcamp, excellent copiste, qui reproduisit pour Charles Ier, un grand nombre de portraits du temps d'Henri VIII ; Rémi Van Leemput et Jean Bock Horst, qui aidèrent souvent Van Dyck dans les travaux qu'il exécuta dans les Flandres avant de partir pour l'Angleterre.

Viennent ensuite, Adrien Henneman, né à La Haye ; Jean de Reyn, de Dunkerque ; ce dernier suivit Van Dyck à Londres et ne le quitta qu'à sa mort ; Guillaume Dobson, né en Angleterre et très apprécié de Charles Ier auquel son maître l'avait vivement recommandé avant de mourir ; Corneille de Nève, un des meilleurs élèves de l'artiste ; Georges Jamesone, que l'on avait surnommé le

Van Dyck écossais ; Théodore Russel, peintre rempli des meilleures dispositions, mais dont la paresse paralysa le réel talent; Edouard Pieric, sujet Anglais, devenu un célèbre paysagiste, et au quel on doit en outre quelques beaux tableaux d'histoire ; Pierre Thys, né à Anvers, celui de tous ses camarades qui approcha le plus de la manière de peindre du maître; Mathieu Mérian, né à Bâle; comme Jean de Reyn et Georges Jamesone, tous deux déjà cités, il accompagna Van Dyck en Angleterre ; David Beck, qui après la mort de son maître devint gentilhomme de la chambre à la cour de Suède, et fut chargé de peindre pour la galerie de la reine, les portraits des célébrités contemporaines ; Pierre Born et J.-B. Jaspers, Henri Stenn, d'origine anglaise, réputé plus tard excellent portraitiste ; et enfin Anne Carlisle, née à Londres en 1616.

Cette jeune dame, passait pour s'être sérieusement attachée à l'artiste, qui, de son côté aurait eu pour elle l'affection la plus tendre, mais hâtons-nous de dire, la plus désintéressée.

Van Dyck eut encore plusieurs autres élèves, mais ils n'ont laissé après eux aucun souvenir.

L'œuvre de l'éminent artiste dont nous venons d'entretenir nos lecteurs, était appelée, dit encore l'historien Guiffrey, à produire une profonde impression sur ses confrères de tous les temps et de tous les pays.

Après la mort du Puget, on trouva dans son atelier plusieurs copies exécutées à Gênes par le fameux auteur du *Milon*, d'après les tableaux peints par Van Dyck.

La place d'honneur dans le salon du grand sculpteur était réservée à son portrait.

TABLE

— Lille, Typ. J. Lefort. 1886 —

www.ingramcontent.com/pod-product-compliance
Ingram Content Group UK Ltd.
Pitfield, Milton Keynes, MK11 3LW, UK
UKHW022110260726
13993UKWH00001B/435

9 782019 975920